Méthodes et astuces pour...
Mieux négocier

Éditions Eyrolles
61, bd Saint-Germain
75005 Paris
info@eyrolles.com
www.editions-eyrolles.com

ISBN : 978-2-212-53907-3

Richard Bourrelly

Méthodes et astuces pour…
Mieux négocier

EYROLLES
Éditions d'Organisation

Remerciements

*Tous mes remerciements à Marguerite Cardoso et Jeanne Gelin des Éditions Eyrolles, aux consultants et formateurs du cabinet **tellen** ainsi qu'à toutes les entreprises avec qui nous travaillons, pour leurs précieux conseils dans la rédaction de ce livre et la création de nos outils et de nos méthodes de négociation.*

Je remercie également tous les professionnels de la négociation qui ont bien voulu apporter à ce livre leur témoignage et leur expérience du terrain.

À Murièle pour son aide, sa patience et sa compétence professionnelle.

Sommaire

Remerciements V

Avant-propos 1

Partie 1

Comment préparer ma négociation ?

Pourquoi et comment se préparer ? 5
Que peut-on attendre d'une bonne préparation ? 5
La check-list Nego-System 6

Chapitre 1 – **Définir mes objectifs** 13
Première étape de la check-list 13
Définir mes objectifs en quatre questions 15
Se fixer des objectifs ambitieux et réalistes 20
Comment remplir l'étape 1 de la check-list ? 26

Chapitre 2 – **Analyser le rapport de forces
pour trouver les arguments** 31
Sur quelles forces puis-je m'appuyer ? 31
Pourquoi étudier le rapport de forces ? 32
Comment remplir l'étape 2 de la check-list ? 35

Chapitre 3 – **Négocier pour gagner ou pour éviter de perdre ?** 39
Identifiez les enjeux de votre interlocuteur 39
Pesez les opportunités et les risques de votre interlocuteur 40
Déduisez-en votre optique de négociation 41
Comment remplir l'étape 3 de la check-list ? 43

Pourquoi est-il difficile de chercher un accord gagnant-gagnant dans la négociation commerciale ? 43

Chapitre 4 – **Choisir la stratégie la mieux adaptée** 49
Définir une stratégie de négociation en 5 critères clés 50
Le nom de la stratégie 57
La matrice des stratégies 59
Comment remplir l'étape 4 de la check-list ? 73

Chapitre 5 – **Jouer un rôle, comment faire ?** 77
Pourquoi se préparer à jouer un rôle spécifique ? 78
Comment se préparer à jouer un rôle efficace et convaincant ? 78
Comment remplir l'étape 5 de la check-list ? 81

Chapitre 6 – **Un outil pour gérer le face-à-face : les curseurs de votre négociation** 85
Construisez vos curseurs de négociation 86
Utilisez vos curseurs en temps réel 90

Partie 2

Comment mener le face-à-face ?

Chapitre 7 – **Le Premier Contact pour mettre la négociation sur de bons rails** 103
Vos objectifs et enjeux 104
Les Règles d'Or 104
Les pièges à éviter 112

Chapitre 8 – **L'Annonce des Objectifs pour savoir où l'on met les pieds** 117
Vos objectifs et enjeux 117
Les Règles d'Or 119
Les pièges à éviter 122

Chapitre 9 – **La recherche des objectifs réels pour savoir ce que l'autre veut vraiment** 125
Vos objectifs et enjeux 127
Les Règles d'Or 128

Les pièges à éviter 132

**Chapitre 10 – La phase de concessions/contreparties
et argumentation : donner peu et recevoir beaucoup** 135
Vos objectifs et enjeux 136
Les Règles d'Or 137
Les pièges à éviter 143

**Chapitre 11 – La conclusion de l'accord : terminer la négociation
et bien préparer la suite** 145
Vos objectifs et enjeux 146
Les Règles d'Or 147
Les pièges à éviter 149

Chapitre 12 – Que faire lorsqu'il n'y a pas de face-à-face ? 151
Négocier par téléphone 151
Négocier par mail 153
Forcer un interlocuteur qui fuit la négociation 154

Partie 3

Les compétences relationnelles du négociateur

Chapitre 13 – Le négociateur est un bon communicant 161
Les pièges de la communication 162
L'Écoute Active 166

**Chapitre 14 – Le négociateur est assertif, il sait demander, refuser
et être dur sans créer de conflit** 169
Les principes de l'assertivité 172
Les cinq fondements du comportement assertif 172
S'entraîner à être plus assertif 173

**Chapitre 15 – Le négociateur est persuasif, il sait faire accepter
son point de vue et ses propositions** 175
Soyez convaincu pour mieux convaincre 176
Personnalisez votre argumentation en l'orientant sur les bénéfices ... 178

Chapitre 16 – **Le négociateur est psychologue, il sait exploiter les forces et faiblesses de son interlocuteur** 185
   Les six profils de négociateurs 187
   Le Stratège 193
   Le Manipulateur 196
   Le Séducteur 200
   Le Père de famille 204
   Le Médiateur 207
   Le Diplomate 210

Chapitre 17 – **Le négociateur est adaptable, il sait se jouer des différences culturelles** 215
   Individualisme/collectivisme 216
   Distance Hiérarchique 220
   Contrôle de l'incertitude/acceptation de l'incertitude 224

Chapitre 18 – **Pour aller plus loin** 229
   Les jeux de société qui font progresser en négociation 229
   Les formations de l'acteur 232
   Les formations à la négociation 232

Conclusion 235

Annexes 237

Bibliographie 251

Avant-propos

Une trentaine de livres de négociation ornent la bibliothèque de **tellen**, le cabinet de formation dans lequel je travaille. Tous m'ont permis de comprendre le concept de « négociation », ses composantes et ses leviers mais aucun ne m'a réellement servi à améliorer mes résultats ni à augmenter mes gains. C'est pourquoi j'ai voulu écrire un livre différent, qui vous permette d'accéder aux outils et aux méthodes qu'utilisent les négociateurs professionnels les plus performants. Mon but n'est pas de vous enseigner les tenants et les aboutissants de l'art de la négociation mais plutôt d'**améliorer concrètement vos résultats.**

Dans ses actions de conseil et de formation notre cabinet fait en sorte que ses clients gagnent plus de négociations et atteignent leurs objectifs. J'ai gardé le même esprit pour cet ouvrage car c'est finalement tout ce qui compte. Au travers de ses trois grandes parties, ce livre répond aux trois grandes questions que tout négociateur a en tête : comment se préparer pour une négociation importante ? Comment mener le face-à-face ? Quelles sont les compétences relationnelles à mettre en œuvre pour convaincre ? Chaque sujet est traité par l'intermédiaire d'outils et de méthodes directement applicables que j'ai créés sur le terrain, grâce à l'observation des meilleurs négociateurs dans tous les secteurs économiques et dans tous les types d'entreprises et d'activités.

Certaines méthodes et certains outils décrits ici vous sembleront relever du pur bon sens. Peut-être parce que votre expérience du terrain vous aura amené à les découvrir par vous-même. Mais dans ces pages, formalisés à votre intention, je les ai rendus particulièrement faciles à utiliser. D'autres méthodes et outils, la plupart probablement, seront de véritables découvertes qui viendront durablement changer vos pratiques de négociation et améliorer vos résultats.

Dans chaque chapitre plusieurs rubriques sont exposées. À chacune d'elles correspond un pictogramme qui vous guide et vous donne un repère :

 indique la présence d'un outil ou d'une méthode simple à suivre et qui améliorera considérablement vos résultats de négociation.

 annonce les fiches pratiques qui résument les points importants de chaque chapitre et vous servent d'aide-mémoire.

 ouvre le « bureau de l'expert ». Dans cette rubrique, je m'adresse aux consultants, chercheurs, universitaires et à tous ceux qui désirent aller plus loin dans leur connaissance de la négociation. J'y explique et approfondis les différents concepts et fait le lien entre toutes les approches.

 désigne la rubrique « Parole de Pro » dans laquelle un professionnel de la négociation livre son témoignage et son expérience du terrain.

 introduit une anecdote que je tire de mon expérience personnelle comme négociateur ou consultant-expert.

Comment préparer ma négociation ?

Où trouver l'information ?
Comment l'analyser ?
Qu'est-ce que ça change ?
Quel document utiliser ?

Dans cette première partie, je vais vous aider à structurer la préparation de votre négociation. Mon but est que vous puissiez aborder votre face-à-face dans les meilleures conditions possible. Le pire qui puisse vous arriver serait de vous faire surprendre par votre interlocuteur. Par exemple, qu'il aborde un sujet sur lequel vous n'avez pas d'information, qu'il assène un argument pour lequel vous n'avez aucune réponse, qu'il fasse peser une pression à laquelle vous ne vous attendiez pas ou encore qu'il vous fasse entrer dans son jeu sans que vous n'ayez pu l'anticiper.

Pour vous préparer à négocier, rien ne vaut une méthode solide sur laquelle vous pourrez vous appuyer. Quelques questions clés, des approches simples et des tableaux utiles, voilà ce que je vous propose. Cela s'appelle le **Nego-System** et cette première partie du livre vous apprend à l'utiliser.

Pourquoi et comment se préparer ?

La moitié du succès de votre négociation dépend des choix que vous ferez avant le début de celle-ci.

Que peut-on attendre d'une bonne préparation ?

La préparation vous donne une vision claire de votre situation de départ

Une situation de négociation est toujours complexe. Ses composantes sont :

- différents acteurs porteurs d'enjeux contradictoires ;

- un historique de la relation ;

- des faits et des documents ;

- des personnalités difficiles à gérer ;

- un désaccord à éclaircir.

Vous préparer efficacement c'est vous donner la garantie de connaître tout le contexte et de pouvoir l'utiliser en votre faveur. Ainsi, vous anticiperez les réactions de votre interlocuteur, vous aurez toujours un coup d'avance et l'entraînerez sur le terrain qui vous est le plus favorable.

Concrètement, l'approfondissement de vos objectifs, des attentes de l'autre partie, du déroulement probable de l'entretien et des différentes issues possibles vous permet d'aborder cette rencontre en toute sérénité et en pleine possession de vos moyens. De même que les sportifs se préparent pour affronter les compétitions importantes, les négociateurs préparent leurs face-à-face pour se libérer et être plus performant.

La préparation permet de choisir la stratégie gagnante, de trouver les bons arguments et d'élaborer les scénarios possibles

Lorsque, dans les premières heures d'un séminaire de formation à la négociation, je demande aux participants de préparer le cas pratique que je viens de leur distribuer, ils pensent surtout à trouver des arguments et des réponses à ceux de leur vis-à-vis. Ce n'est pas suffisant. Vous préparer c'est prévoir tout ce que vous allez dire mais aussi, et surtout, ce que vous allez faire. Il vous faut travailler la manière dont vous allez vous comporter, les solutions que vous pourrez proposer et anticiper les demandes de votre interlocuteur. Il vous faut savoir, à l'avance, ce que vous pourrez accepter et ce que vous devrez refuser. Concrètement, vous préparer à négocier c'est :

- faire le point sur tout ce que vous devez chercher à gagner et tout ce que vous devez éviter de perdre ;
- analyser le contexte de votre négociation pour trouver les bons arguments ;
- choisir une stratégie et élaborer des scénarios et des propositions ;
- construire les outils et les tableaux qui vous serviront pendant le face-à-face.

La check-list Nego-System

La méthode sur laquelle nous vous proposons de vous appuyer, pour préparer votre négociation, s'appelle le Nego-System et se compose de cadres à remplir. Tout simplement.

6 étapes pour bien se préparer

Cette check-list vous amène à vous poser les bonnes questions au bon moment et à formaliser les réponses. Elle tient sur une feuille de papier que vous pouvez imprimer et remplir directement avant chaque négociation importante.

> **Astuce**
> Recherchez sur Internet le terme « check-list nego-system » (n'oubliez pas les guillemets) et vous pourrez télécharger gratuitement la check-list à imprimer et à remplir.

Le temps nécessaire pour remplir cette check-list dépend de la difficulté de la négociation à préparer. Il est généralement compris entre 30 et 60 minutes et c'est toujours un investissement rentable. Une grande partie de votre résultat final se joue en amont de l'entretien. En effet, cette réflexion vous donne la compréhension du contexte et des enjeux, et débouche sur le choix de la stratégie la plus appropriée. De plus, c'est lors des étapes préparatoires que vous allez construire les outils dont vous aurez besoin et que vous aurez devant vous lors du face-à-face. Ils vous aideront à prendre, en temps réel, les bonnes décisions. La structure de la check-list reflète bien cette double utilité : les étapes 1 à 3 vous aident à analyser votre situation de départ, l'étape 4 vous amène à choisir la meilleure stratégie et les deux dernières phases vous permettent de rédiger les outils fondamentaux de l'entretien : le modèle comportemental et « les curseurs de la négociation ». Ces deux tableaux garantissent le bon déroulement de votre négociation et l'atteinte de vos objectifs.

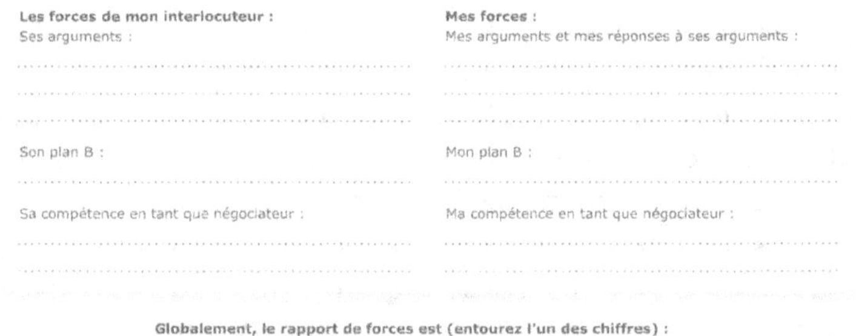

tellen
London · Paris · Berlin
la **Check-List** nego-système

> **Étape 1 :** Je définis clairement mes objectifs de négociation

Mon objectif principal :
....

Précisions sur l'objectif principal (quantités, délais, forme, lieux, personnes concernées...) :
....

Mes autres objectifs :
Tout ce que je peux gagner dans cette négociation, mes opportunités :
Tout ce que je peux perdre dans cette négociation, mes risques :

Globalement, je négocie pour (entourez) :
GAGNER   NE PAS PERDRE

> **Étape 2 :** J'analyse le rapport de forces

Les forces de mon interlocuteur :
Ses arguments :

Mes forces :
Mes arguments et mes réponses à ses arguments :

Son plan B :   Mon plan B :

Sa compétence en tant que négociateur :   Ma compétence en tant que négociateur :

Globalement, le rapport de forces est (entourez l'un des chiffres) :
1   2   3   4   5   6   7   8   9   10
En SA faveur   Neutre   En MA faveur

> **Étape 3 :** Je me place dans la bonne optique de négociation

Et mon interlocuteur ?
Tout ce qu'il peut gagner dans cette négociation, ses opportunités :
Tout ce qu'il peut perdre dans cette négociation, ses risques :

Globalement, il négocie pour (entourez) :
GAGNER   NE PAS PERDRE

Je me place dans une optique :
1   2   3   4   5   6   7   8   9   10
Défensive   Constructive   Offensive

> Étape 4 : Je choisis la stratégie de négociation la plus appropriée

Cochez la case

1. Nom de la stratégie :

2. Mot d'ordre :

3. Initiative :

4. Rôle Primaire :

5. Rôle Secondaire :

6. Gestion du temps :

> Étape 5 : Je me prépare à jouer un rôle

Rappel du point 4, mon Rôle Primaire (entourez) :   LEADER   PARTENAIRE   SUIVEUR

Mon Rôle Secondaire :

Ce que je vais dire pour crédibiliser mes Rôles Primaire et Secondaire (communication verbale) :

Ce que je vais faire pour crédibiliser mes Rôles Primaire et Secondaire (communication non verbale) :

> Étape 6 : Les curseurs de ma négociation

**Niveau plafond :
première offre**

Zone de confort ✓

Niveau réaliste

Zone de vigilance ⚠

**Niveau plancher :
ligne de rupture**

À quoi servent les six étapes de la check-list ?

Chaque étape participe à la préparation d'un point spécifique et essentiel de votre face-à-face. Le questionnement que vous propose le Nego-System est logique et progressif.

Etape 1 :
Je définis clairement mes objectifs de négociation

Pour savoir quoi négocier, sous quelle forme, en quelle quantité, dans quel périmètre…

Etape 2 :
J'analyse le rapport de forces

Pour savoir qui est la partie forte de cette négociation, qui mettra la pression sur l'autre.

Etape 3 :
Je me place dans la bonne optique de négociation

Pour savoir ce que chaque partie a à gagner et à perdre dans cette négociation. Pour savoir où sont les opportunités et où sont les risques. Pour savoir dans quelle optique de négociation il faut vous placer.

Etape 4 :
Je choisis la stratégie de négociation la plus appropriée

Pour savoir comment gagner la négociation, pour savoir concrètement que dire et que faire pour parvenir à votre objectif.

Etape 5 :
Je me prépare à jouer un rôle

Pour savoir comment influencer votre interlocuteur, faire passer vos idées, convaincre et gagner en pouvoir de persuasion.

Etape 6 :
Les curseurs de la négociation

Pour gérer les concessions à faire et les contreparties à obtenir pendant le face-à-face, sans vous tromper, et au mieux de vos intérêts.

 *Richard Morrisseau dirige le département Finances et le département Achats d'AXA Canada. Je l'ai rencontré lors d'un séminaire de formation au cours duquel j'ai eu le plaisir de lui enseigner le maniement de la check-list ainsi qu'à toute son équipe par la suite.*

« En tant que directeur mon rôle est d'encadrer les négociations les plus importantes et d'aider les acheteurs à les préparer. Pour cela, je m'appuie sur la check-list Nego-System qui est devenue un outil essentiel de nos négociations. Elle fait d'ailleurs partie du Manuel de l'acheteur au Canada que nous venons de finaliser et qui constitue notre référentiel des meilleures pratiques. Au niveau personnel comme pour mes équipes, j'insiste sur le thème de la préparation. En effet, elle permet de comprendre les enjeux en cause et d'aborder le face-à-face en toute confiance. Bien se préparer, c'est gagner en pouvoir de négociation et la méthode Nego-System permet d'atteindre cet objectif. »

Chaque chapitre suivant est consacré à une étape de la check-list. Ils seront aussi l'occasion d'aborder les points à connaître pour maximiser votre pouvoir de négociation.

Chapitre 1

Définir mes objectifs

Dans ce chapitre, vous apprendrez à :
- ✔ *quantifier vos objectifs pour mesurer votre performance ;*
- ✔ *vous fixer les bonnes marges de négociation ;*
- ✔ *faire la différence entre des objectifs offensifs et défensifs.*

Première étape de la check-list

La définition des objectifs est une étape essentielle pour mettre votre négociation sur de bons rails.

Il est plus facile que ce que l'on pense de se tromper d'objectif de négociation

L'exemple suivant témoigne de cette difficulté. Le négociateur dont je voudrais vous parler est acheteur de produits imprimés (catalogues, documents commerciaux, enveloppes, affiches…) dans une grande entreprise.

Dans cet exemple, il devait obtenir de son fournisseur, une imprimerie, une baisse du prix des prochains catalogues. Son argument principal était la baisse du prix du papier constatée, à l'époque, sur tous les marchés. Plus précisément, il souhaitait que l'imprimeur lui fasse parvenir une nouvelle décomposition de coût faisant apparaître une baisse de 4 % du coût du papier. Ces 4 % correspondent à la baisse du prix du papier effectivement constatée et cette demande était donc légitime. Du côté de l'imprimeur, il était impossible de répercuter cette baisse avant la fin de l'année en cours, c'est-à-dire trop tard pour le prochain catalogue. Ceci, principalement pour des raisons liées à ses stocks et à son système d'approvisionnement.

Chaque partie, sûre de ses arguments, restait sur sa position et aucune solution ne fut trouvée au conflit. Dans ces conditions, l'acheteur dut faire intervenir son responsable, le Directeur Achats du site. Toutefois, ce dernier ne put pas, lui non plus, obtenir de la part du fournisseur la baisse du coût du papier.

En revanche, il profita de sa fidélité et du volume de ses commandes pour se faire faire une remise commerciale de 1,5 % du prix des catalogues. Ce résultat est excellent car 1,5 % du coût total représente plus que les 4 % du coût du papier (le papier n'entre que pour 35 % dans le coût total des catalogues).

Cette anecdote est très instructive. En effet, ce que le Directeur Achats veut obtenir, au final, c'est une baisse du coût des catalogues pour économiser de l'argent. Négocier le prix du papier semblait être un bon moyen d'y parvenir. Toutefois, il a été prêt à abandonner cette demande et à la remplacer par une autre qui lui procure le même résultat. Dans ces conditions on peut dire que si l'acheteur a échoué dans sa négociation c'est avant tout parce qu'il s'est trompé d'objectif. Plutôt que de se battre en vain pour une baisse du prix de la matière première, il valait mieux essayer d'obtenir une remise sur le prix total, d'où qu'elle vienne. La baisse du prix du papier n'était pas l'objectif profond à négocier, ce n'était qu'un moyen d'obtenir l'objectif final de baisse du coût des catalogues.

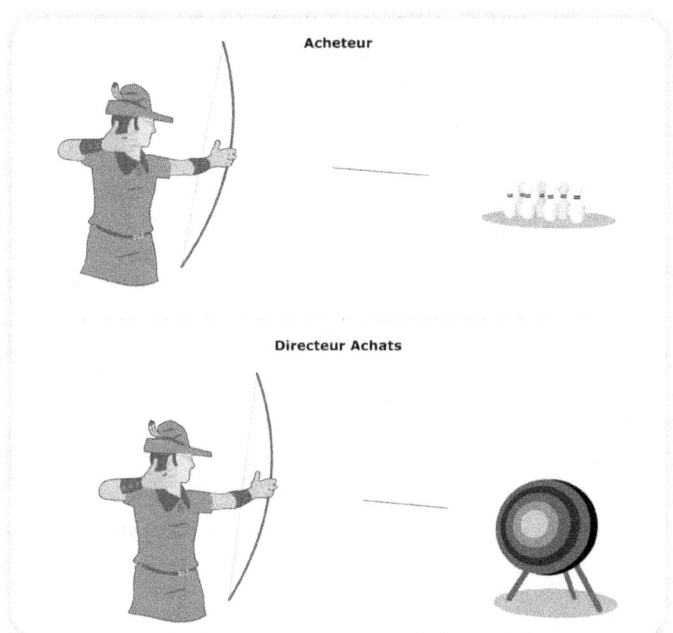

Pour être efficace dans la définition des objectifs et bien remplir la première étape de la check-list, il convient de se poser quatre questions clés.

Définir mes objectifs en quatre questions

Sur quoi porte exactement ma négociation ?

La première question à vous poser est celle de la nature de ce que vous cherchez à obtenir. Est-ce une baisse du prix du papier ou plus généralement une baisse du coût des catalogues ? Est-ce un nouveau client, du chiffre d'affaires additionnel, des parts de marché ou encore de la marge ? Bien souvent, il vous faudra distinguer le but de votre négociation tel qu'il vous apparaît de prime abord et votre objectif réel qui est ce que vous voulez vraiment obtenir. Plus vous irez loin dans la détermination de cet objectif profond, plus vous négocierez sur des bases qui vous intéressent et moins vous risquerez un blocage sur des points qui ne sont intéressants pour vous qu'en apparence.

Comment quantifier mes objectifs ?

On ne peut pas atteindre le but visé s'il est flou. En particulier, les objectifs de négociation exprimés en termes subjectifs ne constituent pas des indicateurs de performance efficaces. Prenons l'exemple d'un commercial à qui le patron demande d'« augmenter les volumes chez le client ». À partir de quelle quantité peut-il considérer qu'il a réussi sa négociation : une unité ? +5 % de CA ? une livraison mensuelle supplémentaire ? Seule une quantification objective, en amont, permet de savoir, pendant le face-à-face, si on est sur la bonne voie. Pour cela, vous devrez trouver l'unité de mesure la plus appropriée.

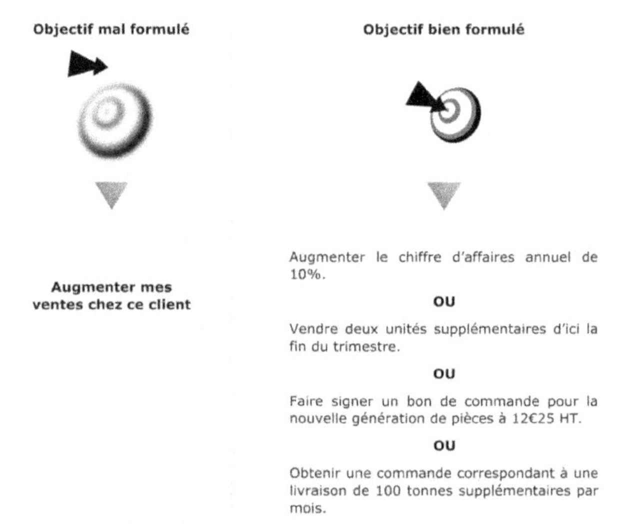

Qu'est-ce que je peux gagner, qu'est-ce que je dois éviter de perdre ?

La check-list vous demande de faire une distinction essentielle entre ce que vous allez chercher à gagner, vos opportunités et ce que vous pourriez perdre, vos risques. En dressant ces deux listes vous vous dotez d'une vue complète de vos objectifs et vous faites le tour de tout le périmètre de votre négociation. Le tableau suivant vous donne quelques exemples d'objectifs de négociation dans les deux cas.

Ce que l'on cherche à gagner, les opportunités	Ce que l'on cherche à ne pas perdre, les risques
Un vendeur négocie une commande supplémentaire.	Un vendeur tente de résister à un acheteur qui lui demande de baisser ses prix.
Vous négociez une augmentation de salaire avec votre patron.	Un acheteur tente de résister à un fournisseur qui lui demande un délai supplémentaire pour effectuer sa livraison.
Vous demandez à votre voisin d'arrêter de faire du bruit le dimanche matin.	
Un acheteur négocie une remise sur une commande.	Un salarié tente de refuser une demande de son patron visant à lui faire changer la date de ses vacances.
Un client demande à son garagiste de lui réparer sa voiture plus rapidement que prévu.	Votre patron tente de résister à votre demande d'augmentation de salaire.

Cette distinction aura des implications stratégiques importantes. En effet, si à l'issue de cette analyse vous vous apercevez que la majorité de vos objectifs sont du côté des opportunités, des choses à gagner, vous opterez pour une **négociation offensive.**

À l'inverse, si vos buts sont du côté des risques, des enjeux à ne pas perdre, à protéger, alors vous devrez **vous montrer défensif.** De même que l'on ne joue pas un match de football avec la même équipe et la même tactique, selon que l'on veut le gagner ou ne pas le perdre, on ne négocie pas de la même manière selon que l'on a des objectifs offensifs ou défensifs.

Quelles marges de négociation est-ce que je me donne ?

Dans une négociation tout est une question de marge. Il y a toujours une différence entre votre première offre, ce à quoi vous pensez pouvoir arriver, et le minimum acceptable pour vous. Prenons un exemple : vous passez une annonce dans le journal local pour vendre votre voiture d'occasion « 9 000 € à débattre ». Vous savez qu'il y a un risque pour qu'une personne intéressée veuille en négocier le prix. Dans ce cas, vous pouvez le baisser mais pas en dessous de 8 000 € qui constituent votre ligne de rupture. En tout état de cause, au vu de son kilométrage et de son état général, il est fort probable que cette voiture parte au prix de 8 300 €, qui correspond à l'argus. Dans cet exemple, votre marge de négociation se situe entre 9 000 € et 8 000 €.

> **Définition**
> *Pour un objectif donné, la marge de négociation est ce qui se trouve entre la première offre, que l'on appelle aussi « objectif plafond » et la ligne de rupture, nommée « objectif plancher ». Entre les deux (et pas nécessairement au milieu), se trouve l'objectif réaliste : c'est ce que l'on pense pouvoir obtenir, de façon réaliste.*

Ici l'objectif plafond est 9 000 €, car en passant une annonce à « 9 000 € à débattre » vous ne pouvez pas espérer obtenir plus. L'objectif réaliste est l'argus à savoir 8 300 €, c'est ce qu'il est logique et réaliste que vous obteniez à l'issue de cette négociation. Votre objectif plancher est de 8 000 € car vous décidez que c'est votre ligne de rupture et qu'en aucun cas vous n'accepterez moins.

La zone située entre l'objectif plafond et l'objectif réaliste est appelée « zone de confort ». Tant que la discussion se situe dans cette zone-là vous être en train de gagner plus que ce que vous aviez prévu car vous êtes au-delà de votre objectif réaliste.

La zone située entre l'objectif réaliste et l'objectif plancher est appelée « zone de vigilance ». Lorsque la discussion se situe à de tels niveaux, les propositions faites sont toujours acceptables, car elles sont au-dessus de votre ligne de rupture, mais vous gagnez moins que ce que vous espériez car elles sont sous l'objectif réaliste.

Les trois niveaux d'objectifs constituent d'excellents indicateurs de performance à utiliser pendant le face-à-face. Lorsque les propositions se situent dans votre zone de confort, vous pouvez les accepter. À l'inverse, si leur niveau les place dans la zone de vigilance, continuez à mettre la pression.

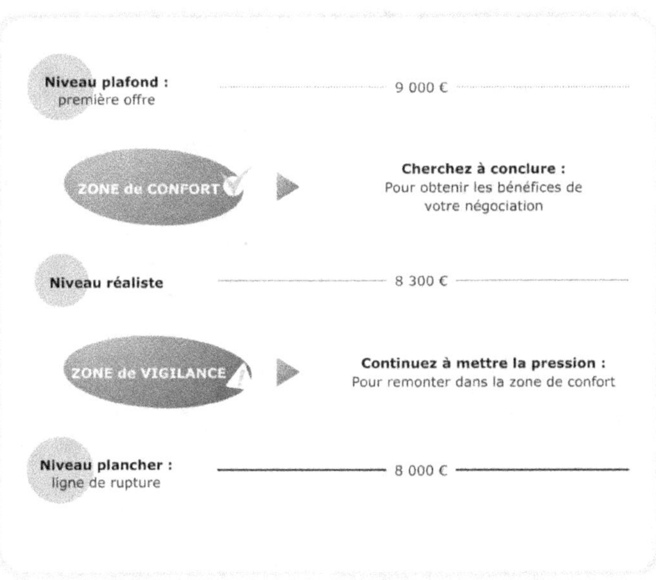

Se fixer des objectifs ambitieux et réalistes

Imaginons un face-à-face commercial entre un vendeur et un acheteur. À dessein, je ne donne aucune information complémentaire car la démonstration qui suit est valable pour toutes les négociations quel que soit leur contexte. Notre vendeur se fixe une marge comprise entre 100 et 80. Son objectif plafond, celui par lequel il va entamer l'entretien est fixé à 100 et il est prêt à faire des concessions jusqu'à atteindre un plancher de 80, pas moins. Encore une fois, je ne donne ni unité monétaire, ni explication sur cette marge de négociation car cette démonstration ne dépend pas de ces paramètres et est valable quelles que soient les valeurs que nous puissions prendre.

Passons à l'acheteur. Sa marge de négociation est comprise entre 70 et 90. Cela veut dire que dans son esprit, il annoncera comme première offre un prix de 70 et qu'en tout état de cause, il n'est pas prêt à dépenser plus de 90. Notons au passage que pour lui, la notion de plafond et de plancher est inversée par rapport à celle du vendeur.

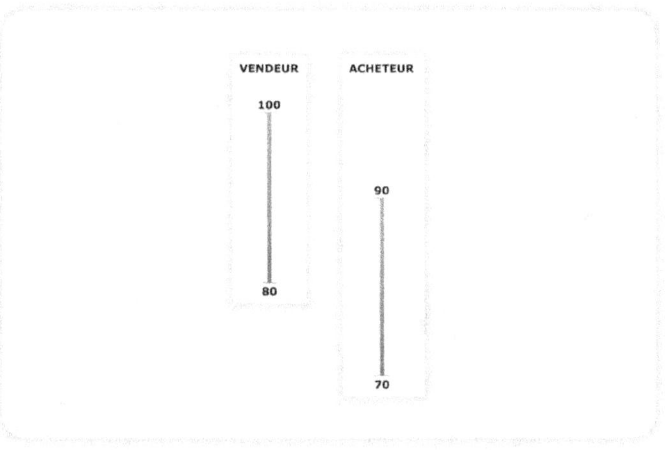

En effet, pour lui, l'objectif plafond, le mieux qu'il puisse espérer, est le prix le plus bas : 70 dans notre exemple. De même, lorsqu'il fait une concession, il accepte de payer un prix plus fort ; ici jusqu'à 90, qui constitue sa ligne de rupture, son plancher.

Question 1 : ces deux protagonistes vont-ils trouver un accord ?

Il existe une zone dans laquelle les deux marges de négociations se superposent : entre 80 et 90. L'existence de cette aire commune rend possible un accord puisque tous les prix qui y sont proposés conviennent aux deux parties.

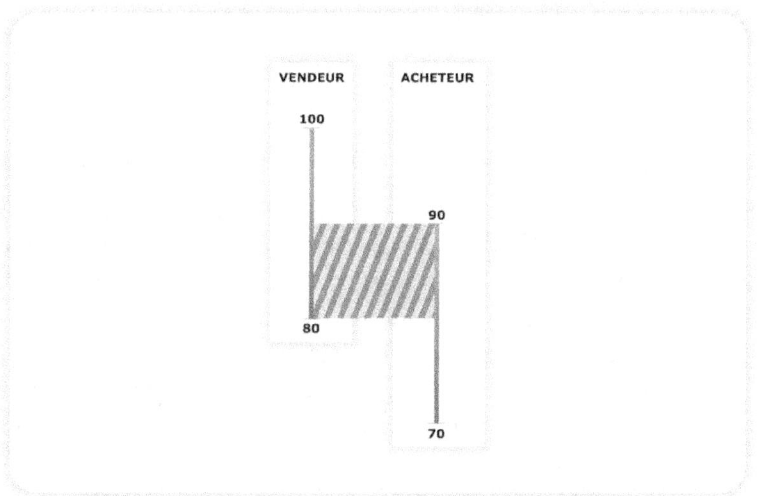

Imaginons maintenant la même négociation dans laquelle nous retrouvons donc notre vendeur et sa marge comprise entre 100 et 80, mais cette fois-ci opposé à un autre interlocuteur qui, lui, fixe ses objectifs différemment. Comme le premier acheteur, il est prêt à commencer sa négociation à 70 mais il ne veut pas concéder autant. Il se fixe, comme limite, un objectif plancher de 85, « pas un sou de plus ».

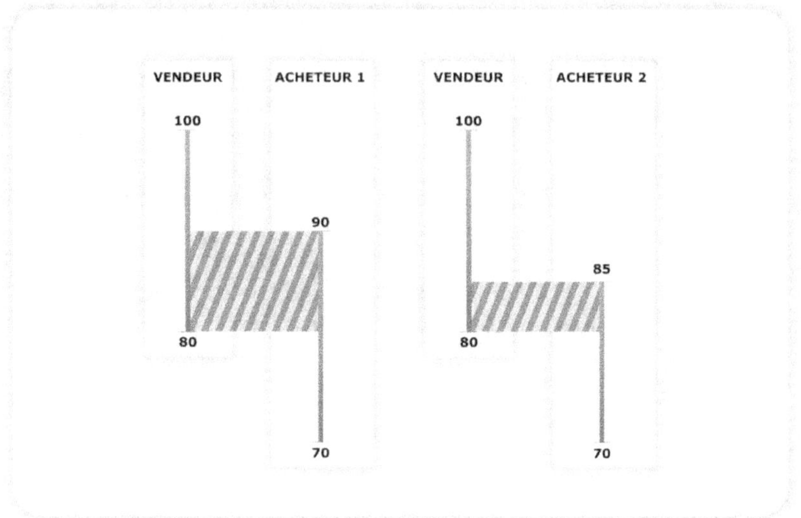

Question 2 : ces deux nouveaux acteurs vont-ils trouver un accord ?

Dans ce cas aussi il existe une zone de correspondance entre les deux marges : entre 80 et 85. Il n'y a aucune raison pour que le vendeur et l'acheteur ne trouvent pas un terrain d'entente dans ces prix. Bien entendu, on peut prévoir que cette seconde négociation sera plus longue, plus dure, plus conflictuelle que la première. Mais si les deux parties prennent le temps de s'entendre, elles trouveront un accord entre 80 et 85, zone dans laquelle tous les prix proposés sont acceptables pour les deux partenaires.

Question 3 : à l'issue de cette négociation, de 100 négociations ou d'une carrière de négociateur, quel acheteur obtiendra les meilleurs résultats, c'est-à-dire les prix les plus bas ?

Évidemment, l'acheteur 2. En effet, alors que l'acheteur 1 est prêt à signer une partie de ses accords entre 85 et 90, l'acheteur 2, lui, s'interdit de conclure dans cette zone et attend que le prix continue de baisser avant de donner son assentiment. Notons d'ailleurs qu'il n'y a pas de réel risque que le prix ne baisse pas puisque le vendeur est prêt à baisser jusqu'à 80, autant en profiter ! Statistiquement, l'acheteur 2 obtiendra de meilleurs résultats de négociation.

Question 4 : qu'est-ce qui fait que l'acheteur 2 obtient de meilleurs résultats que l'acheteur 1 ?

Nous ne savons rien du contexte de cette négociation. On ne sait pas si l'acheteur 2 est mieux préparé, plus psychologue, plus convaincant ou encore plus expérimenté que son collègue. Pourtant, nous avons vu avec certitude qu'il obtient statistiquement de meilleurs résultats. La seule différence entre les deux acheteurs est la façon dont ils ont fixé leur marge de négociation. En s'interdisant de dépasser la limite de 85, l'acheteur 2 attire mathématiquement le résultat de la négociation vers lui. La différence de position entre les deux acheteurs est le reflet de leur ambition. C'est en se fixant un objectif de négociation plus ambitieux que son collègue que l'acheteur 2 obtient de meilleurs résultats.

Évidemment, si les deux négociateurs se montrent trop ambitieux, voilà ce qui risque de se produire :

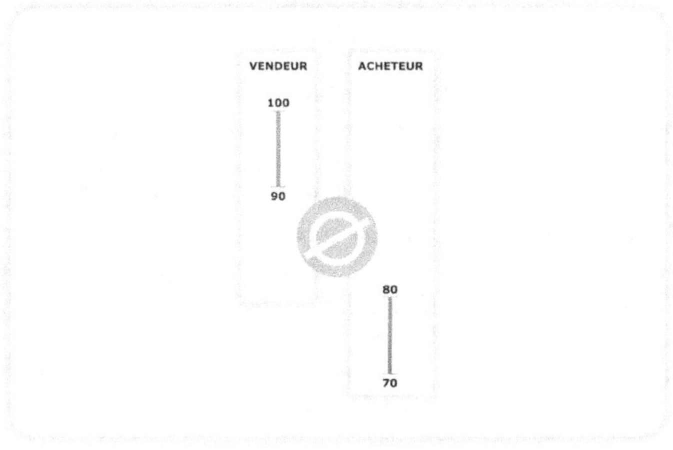

Dans ce cas, les marges ne se superposent plus et l'accord est impossible à trouver. C'est pourquoi, à côté de la notion d'ambition, on doit ajouter la notion de réalisme. Lorsque vous fixez vos objectifs, vos marges de négociation, vous devez être assez ambitieux, dans votre ligne de rupture, pour attirer le résultat de la négociation vers vous, et assez réaliste pour que l'accord soit possible.

Lorsque je m'adresse à des négociateurs professionnels je sais qu'ils connaissent les prix et les conditions de leur marché. Ils maîtrisent les standards et n'auront donc aucun mal à se montrer réalistes. Le plus dur c'est de se montrer ambitieux. On reconnaît un excellent négociateur, vendeur, acheteur ou manager, à sa capacité à se fixer une ligne de rupture ambitieuse et à s'y tenir, c'est-à-dire à sa capacité à se mettre dos au mur, à regarder son interlocuteur dans les yeux et à lui dire : « Stop, maintenant, je ne ferai pas une concession de plus. Si vous voulez que nous trouvions un accord, c'est à vous de faire un pas supplémentaire, car j'ai atteint ma ligne de rupture. » Bien souvent, c'est à ce moment-là que ces négociateurs obtiennent de leur interlocuteur la concession qui change tout. Dans notre exemple, c'est à ce moment-là que le prix passerait de 90, qui serait acceptable pour l'acheteur 1, à 85 qui est la ligne de rupture de l'acheteur 2.

Ce n'était pas une si bonne négociation…

Un de mes amis, Directeur Commercial dans l'industrie du jouet, me racontait comment il avait gagné une négociation avec un de ses plus gros distributeurs. Pour simplifier, disons que l'objet de ces discussions était le prix du jouet phare du catalogue de Noël prochain. Ce Directeur Commercial avait commencé avec une proposition à 14 €, puis avait refusé de faire des concessions pendant plusieurs semaines. Enfin, il avait accepté de descendre le prix petit à petit, en échange de commandes supplémentaires et de meilleures conditions de paiement, jusqu'à finalement arriver à 11,80 € ; ce prix final étant 80 centimes plus haut que sa ligne de rupture. Il m'expliqua que ces 80 centimes multipliés par les 25 000 unités de la commande, lui ont fait gagner 20 000 € par rapport à sa ligne de rupture, c'est-à-dire par rapport à ce qu'il était prêt à concéder pour remporter le marché. Je lui ai alors posé la question suivante : « Combien aurais-tu gagné en plus si tu avais fixé ta ligne de rupture à 12,50 € ? ». Fort en maths, il m'a répondu qu'il aurait gagné 17 500 € en plus des 20 000 €. Mais avec un risque que le distributeur ne signe pas. Nous avons alors engagé le dialogue suivant :

– À quel pourcentage évalues-tu ce risque que le distributeur refuse de signer, si tu avais fixé une ligne de rupture plus ambitieuse ?

– Honnêtement, pas plus de 50 %, me répondit-il, nos jouets sont très cotés.

– Et s'il avait refusé, que se serait-il passé ?

– Nous aurions repris un rendez-vous, j'aurais revu mes ambitions à la baisse et lui aussi probablement. La négociation aurait duré une semaine de plus.

– Ça aurait été grave ?

– Non, nous avions le temps, les conditions se discutent plusieurs mois à l'avance.

– Toujours dans ce cas, à combien auriez-vous finalement signé ?

– Au minimum au prix actuel, à savoir 11,80 €. Au mieux j'aurais encore pu gratter quelques centimes par pièce qui font des milliers d'euros en fin de compte.

– Quelle est ta conclusion ?

– Que je n'avais rien à perdre et au contraire tout à gagner à me fixer une ligne de rupture plus ambitieuse. Finalement, c'est toi qui as raison, ce n'était pas une aussi bonne négociation que ça, je saurai m'en souvenir la prochaine fois.

Cette anecdote nous apprend quelque chose d'important. Être trop ambitieux et ne pas pouvoir conclure est rarement un problème. Vous pourrez généralement dresser un constat d'échec avec votre interlocuteur et vous fixer un autre rendez-vous. Dans l'intervalle vous aurez tous les deux le loisir de revoir vos ambitions un peu à la baisse si vous pensez que là résident les causes de l'échec. Les situations *one shot*, dans lesquelles vous n'aurez qu'une seule opportunité de négocier sont très rares. Dans la plupart des cas, il vaut mieux vous montrer trop ambitieux dans un premier temps que pas assez tout le temps.

La question de savoir à quel niveau vous allez fixer vos objectifs et votre marge est la plus épineuse de la check-list et c'est aussi en y répondant bien que vous avez le plus à gagner. Quelle baisse de prix demander à son fournisseur ? Quelle quantité minimale imposer à son client ? Quels délais de paiement ? Quel prix fixer pour vendre sa voiture d'occasion ? Quel taux d'intérêt demander à son banquier ? Toutes ces questions sont cruciales pour créer de la valeur pendant votre négociation. Pour y répondre je n'ai qu'un conseil à vous donner : soyez ambitieux et réaliste !

Comment remplir l'étape 1 de la check-list ?

> **Étape 1 :** Je définis clairement mes objectifs de négociation

Mon objectif principal :

....

Précisions sur l'objectif principal (quantités, délais, forme, lieux, personnes concernées...) :

....

Mes autres objectifs :

Tout ce que je peux gagner dans cette négociation, mes opportunités :	Tout ce que je peux perdre dans cette négociation, mes risques :
....	....
....	....
....	....

Globalement, je négocie pour (entourez) :

GAGNER   NE PAS PERDRE

Mon principal objectif

Décrivez votre objectif réel, profond. Trouvez et exprimez ce qui, au fond, motive cette négociation, sans vous arrêter aux apparences. Quantifiez votre objectif en utilisant l'unité de mesure la plus appropriée. Souvenez-vous que cette quantification doit pouvoir vous servir d'indicateur de performance en temps réel pendant le face-à-face.

Tout ce que je peux gagner dans cette négociation

Faites la liste de tout ce que vous pourriez obtenir. Soyez créatif et ambitieux. Plus votre liste sera longue, plus vos gains seront importants.

Tout ce que je peux perdre dans cette négociation

Faites la liste de tous les risques qui sont liés à cette négociation. Plus votre liste sera longue, mieux vous serez préparé.

Prenez du recul et évaluez le poids des deux listes précédentes. Si la liste de gauche est plus importante que la liste de droite, vous négociez pour gagner et vous pouvez entourer le mot « gagner ». Attention, tous les objectifs ne sont pas équivalents en poids. Pour faire votre évaluation, prenez-en compte ceux qui sont les plus importants pour vous à commencer par votre objectif principal.

L'annexe 1 reprend plusieurs exemples de check-lists réelles dans lesquelles vous verrez comment des négociateurs professionnels remplissent les étapes et répondent aux questions.

Fiche pratique
La détermination des objectifs de négociation

copyright tellen / Richard BOURRELLY - *Méthodes et astuces pour mieux négocier*, Eyrolles Éditions d'Organisation

1. Fixez-vous des objectifs ambitieux et réalistes.

2. Clarifiez et quantifiez tous vos objectifs de négociation. Cherchez et utilisez les bonnes unités en fonction de ce que vous voulez obtenir.

3. Identifiez vos objectifs profonds sans vous arrêter aux objectifs apparents.

4. Faites la différence entre vos objectifs offensifs et vos objectifs défensifs.

5. Déterminez vos objectifs sous forme de marge de négociation :

➤ *fixez un objectif plafond qui correspond à votre première offre ;*

➤ *fixez un objectif réaliste qui correspond à ce que vous pensez pouvoir obtenir ;*

➤ *fixez un objectif plancher qui correspond au minimum acceptable, à votre ligne de rupture.*

6. La marge de négociation qui se situe entre l'objectif plafond et l'objectif réaliste s'appelle la zone de confort. La marge de négociation qui se situe entre l'objectif réaliste et la ligne de rupture s'appelle la zone de vigilance.

7. Les zones de confort et de vigilance constituent des indicateurs de performance que l'on peut utiliser en temps réel pendant le face-à-face pour savoir si l'on doit continuer à mettre la pression (zone de vigilance) ou relâcher et chercher à conclure (zone de confort).

Sur le bureau de l'expert
Pourquoi est-il si important de se fixer des marges de négociation ?

C'est justement l'existence des marges qui caractérise la négociation. Lorsqu'on n'a pas de marge et qu'on est donc sur une position de type « à prendre ou à laisser », on ne parle pas de négociation mais « d'ultimatum ». Contrairement à ce que l'on pourrait penser les ultimatums sont souvent utilisés dans la vie des affaires. Je ne cautionne pas cette pratique. En effet, lorsque l'on pose un ultimatum on prend toujours le risque que celui-ci ne soit pas accepté. Dans ce cas, il est toujours beaucoup plus difficile de sortir de la situation conflictuelle que lors d'une négociation classique. Faire peser une telle menace c'est refuser de prime abord l'idée même que l'on pourrait faire une concession. Dans ce cas, où trouver un partenaire de négociation qui voudra, à son tour, nous donner des contreparties ?

Je ne plaide pas non plus pour la mollesse et les concessions inconsidérées. Se fixer une marge de négociation ne veut pas dire que l'on ira systématiquement au bout de cette marge. On peut très bien savoir jusqu'où on peut aller sans y aller obligatoirement. Se fixer des objectifs sous forme de marge signifie accepter l'idée de négociation, ça ne signifie pas faire obligatoirement des concessions à l'intérieur de cette marge.

Chapitre 2

Analyser le rapport de forces pour trouver les arguments

Dans ce chapitre vous apprendrez à :
- *vous positionner par rapport à l'autre partie en fonction des forces respectives et savoir qui pourra mettre la pression sur l'autre ;*
- *analyser le rapport de forces et en déduire vos arguments ;*
- *anticiper les arguments de votre interlocuteur et en déduire vos réponses et vos contre-arguments.*

Le rapport de forces est l'une des composantes essentielles de la négociation. Plus une partie est (ou se sent) forte, plus elle pourra mettre la pression sur son interlocuteur et plus elle aura de chances d'obtenir ce qu'elle veut. C'est dans le nombre et surtout le poids des arguments que l'on voit la puissance d'un négociateur.

La deuxième étape de la check-list vous guide dans l'identification des forces et faiblesses de chaque partie, dans leur traduction en arguments et dans votre positionnement par rapport à votre interlocuteur lors du face-à-face.

Sur quelles forces puis-je m'appuyer ?

Vos forces de négociation sont :

- vos arguments : c'est-à-dire que ce que vous allez pouvoir avancer pendant le face-à-face pour convaincre votre interlocuteur. Ils dépendent du contexte de votre négociation ;

* votre plan B : avant d'entrer dans une négociation vous devez vous préparer au fait que cette négociation puisse ne pas aboutir. Dans ce cas, vous devez avoir un plan B, une solution de rechange. Plus il est intéressant, plus vous pouvez être ambitieux dans votre plan A c'est-à-dire la négociation principale que vous êtes en train de préparer ;

* votre compétence en tant que négociateur : plus vous êtes expérimenté, formé et préparé par rapport à votre interlocuteur, plus vous lui inspirerez de la crainte et du respect.

> **Astuce**
> Il existe un principe de symétrie entre les deux parties de la négociation. Vos forces sont les faiblesses de votre interlocuteur et si vous voulez connaître vos faiblesses, faites une étude des forces adverses.

Pourquoi étudier le rapport de forces ?

Étudier, par l'intermédiaire de la check-list, vos forces et vos faiblesses c'est vous donner l'opportunité de structurer vos arguments et aussi vos objections. De même, vous pourrez les prioriser en fonction de leur poids et les lier à des objectifs précis.

La comparaison des forces et faiblesses permet d'identifier qui est la partie puissante de cette négociation, celle qui pourra mettre la pression sur la partie faible. C'est la notion de rapport de forces. Ceci est important car de même que les aspects offensifs ou défensifs influeront sur votre stratégie, le fait d'être fort ou faible aura aussi son importance stratégique Plus précisément, cela aura une incidence sur votre positionnement par rapport à votre interlocuteur. Trois cas de figure peuvent se présenter :

- le rapport de forces vous est favorable, vous êtes la partie forte de cette négociation. Dans ce cas, le positionnement le plus adapté est celui de **leader** de la négociation ;

- le rapport de forces est neutre, les deux parties sont également fortes. Dans ce cas, le positionnement le plus adapté est celui de **partenaire** ;

- le rapport de forces est en votre défaveur, vous êtes la partie faible de cette négociation. Dans ce cas, le positionnement le plus adapté est celui de **suiveur.**

Ces trois positionnements guident la manière dont vous allez mener le face-à-face. Le tableau suivant vous donne quelques exemples de comportements concrets.

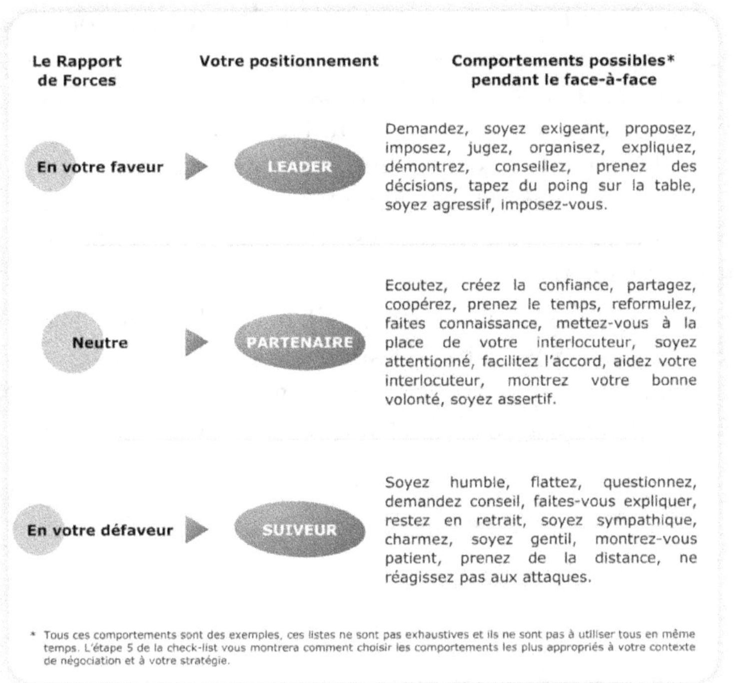

* Tous ces comportements sont des exemples, ces listes ne sont pas exhaustives et ils ne sont pas à utiliser tous en même temps. L'étape 5 de la check-list vous montrera comment choisir les comportements les plus appropriés à votre contexte de négociation et à votre stratégie.

Aucun de ces trois positionnements n'est préférable aux autres. L'important n'est pas de se montrer **leader** à tout prix et particulièrement pas lorsque le contexte ne s'y prête pas. On peut « gagner » sa négociation c'est-à-dire être dans ses objectifs quel que soit le positionnement adopté si ce dernier convient au contexte. Vouloir se montrer fort si vous êtes en position de faiblesse est une erreur lourde de conséquences. En effet, si vous êtes faible c'est que votre interlocuteur est fort (principe de symétrie des forces et faiblesses). Dans ce cas il aura une tendance naturelle à vouloir se montrer **leader** lui aussi et deux leaders pour une seule négociation c'est au moins un de trop. Cela conduit inévitablement à un conflit relationnel dont il sera difficile de sortir.

À l'inverse, adopter un comportement de **suiveur** lorsque vous êtes en position de faiblesse est très pertinent. Dans ce cas, vous manœuvrerez votre interlocuteur « par en dessous », sans qu'il s'en aperçoive. À force de questions, de demandes de conseil et d'humilité vous amènerez sans peine votre interlocuteur à se dévoiler et à en dire trop. En jouant sur sa position de **leader**, sur son orgueil et en le flattant, vous pourrez obtenir de lui bien plus que vous ne le pensez. L'étape 4 de la check-list, sur les stratégies de négociation, vous montrera comment faire.

Enfin, le tableau ci-dessus montre qu'il y a mille et une façons de se montrer **leader, partenaire** ou **suiveur**. L'étape 5 de la check-list vous aidera à choisir la meilleure manière en fonction de vos objectifs, de votre contexte et de la stratégie que vous aurez élaborée.

Comment remplir l'étape 2 de la check-list ?

> **Étape 2 :** J'analyse le rapport de forces

Les forces de mon interlocuteur :
Ses arguments :

....

....

....

Son plan B :

....

Sa compétence en tant que négociateur :

....

....

Mes forces :
Mes arguments et mes réponses à ses arguments :

....

....

....

Mon plan B :

....

Ma compétence en tant que négociateur :

....

....

Globalement, le rapport de forces est (entourez l'un des chiffres) :

1	2	3	4	5	6	7	8	9	10
	En SA faveur				Neutre			En MA faveur	

Commencez par faire la liste des forces de votre interlocuteur

Tout d'abord en écrivant dans la check-list tous les arguments qu'il pourrait vous donner pour soutenir ses positions. Classez-les du plus important (celui qui a le plus de poids à vos yeux) au plus futile. La réussite de cet exercice réside dans votre capacité à vous mettre à sa place et à penser comme lui. Tâchez de ne rien oublier, un argument oublié est un argument auquel vous aurez à répondre pendant le face-à-face sans y être préparé. Ensuite, décrivez son plan B probable. Que va-t-il faire si nous ne trouvons pas un accord ? Est-ce une bonne solution pour lui ? En quoi la négociation que nous nous apprêtons à avoir peut lui apporter une solution meilleure ? Souvenez-vous, si son plan B est déjà une excellente solution, il ne pourra que se montrer exigeant et sûr de lui lors de votre face-à-face. Enfin, évaluez sa compétence en tant que négociateur. Est-ce un professionnel ? A-t-il suivi des stages de formation ? Est-il expérimenté ? Est-ce quelqu'un à l'aise dans ce genre de situation ? A-t-il peur du conflit ? Que pense-t-il de votre propre capacité à négocier ?

Faites la même chose pour vous

Quels sont vos arguments ? Quelles réponses pouvez-vous apporter à ceux de votre interlocuteur ? Classez-les par poids décroissant. Ensuite, réfléchissez à votre plan B et évaluez-en la force. Enfin, évaluez votre propre compétence en tant que négociateur comparée à celle de votre interlocuteur.

Prenez du recul et soupesez les forces des deux parties, afin de trouver en faveur de qui penche le rapport de forces

Évaluez-le par une note de 1 à 10. Plus vous vous sentez fort par rapport à votre interlocuteur, plus la note sera proche de 10. Il se peut aussi qu'à l'issue de votre analyse vous pensiez que le rapport de forces est équilibré, neutre. Dans ce cas, mettez une note dans la zone 5-6. Cette note sur 10 est très importante car elle vous resservira, dans l'étape 4 de la check-list, à déterminer la meilleure stratégie de négociation.

Reportez-vous aux check-lists réelles qui sont en annexe 1 pour lire des exemples concrets et vous en inspirer.

Fiche pratique
L'évaluation du rapport de forces

1. *Évaluez vos forces pour construire votre argumentaire.*

2. *Évaluez les forces de votre interlocuteur pour élaborer vos réponses et vos contre-arguments.*

3. *Plus un négociateur a un plan B qui lui convient, plus il cherchera à avoir un plan A ambitieux.*

4. *La compétence en tant que négociateur joue sur le rapport de forces.*

5. *Vos forces sont les faiblesses de votre interlocuteur, vos faiblesses sont ses forces.*

5. *Le rapport de forces est la comparaison de vos forces et de celles de votre interlocuteur. Il peut être en votre faveur, neutre ou en votre défaveur.*

6. *Si le rapport de forces penche en votre faveur, c'est vous qui allez mettre la pression sur votre interlocuteur. Vous adopterez un comportement **leader**.*

7. *Si le rapport de forces est neutre, aucune pression ne se manifestera pendant le face-à-face. Votre interlocuteur et vous-même serez au même niveau, dans un rapport d'égal à égal. Le comportement à adopter est celui de **partenaire**.*

8. *Si le rapport de forces penche en faveur de l'autre partie, vous aurez à subir sa pression. Dans ce cas, laissez-lui le leadership du face-à-face en adoptant le comportement **suiveur**.*

9. *Aucun des comportements n'est meilleur qu'un autre. On ne doit pas chercher à se montrer **leader** si le contexte ne nous place pas en position de force.*

Sur le bureau de l'expert
Lien entre les positions de négociation et l'Analyse Transactionnelle

*Les trois positions de négociation que nous décrivons, **leader, partenaire** et **suiveur** sont à rapprocher des États du Moi de l'Analyse Transactionnelle, respectivement, Parent, Adulte et Enfant. Plus précisément, adopter un comportement **leader** revient à imposer à votre interlocuteur une transaction de type Parent-Enfant. Adopter un comportement **partenaire** revient à instaurer une relation de type Adulte-Adulte et adopter un comportement **suiveur** revient à accepter une relation Enfant-Parent imposée par votre interlocuteur. Pour en savoir plus sur ces États du Moi et sur les liens entre Analyse Transactionnelle et négociation, reportez-vous à la bibliographie.*

Chapitre 3

Négocier pour gagner
ou pour éviter de perdre ?

Dans ce chapitre vous apprendrez à :

✔ *identifier les enjeux de votre interlocuteur, ce que vous pouvez lui faire gagner et ce que vous pouvez lui faire perdre ;*

✔ *vous placer dans la bonne optique de négociation, offensive, constructive ou défensive.*

Nous l'avons vu, on ne négocie pas toujours pour gagner. Parfois, on se contente d'éviter de perdre. Il y a de nombreux cas dans lesquels notre interlocuteur de négociation cherchera à obtenir quelque chose de nous c'est-à-dire à nous prendre ce que nous chercherons à garder. Il en va de même pour l'autre partie. Elle peut négocier offensivement ou défensivement. Il est vraiment important de savoir tout ce que votre interlocuteur peut vouloir gagner et peut vouloir éviter de perdre car de cette analyse découleront :

- l'optique de négociation dans laquelle vous devrez vous placer ;
- le choix des concessions que vous pourrez faire ;
- le choix des pressions que vous pourrez utiliser.

Identifiez les enjeux de votre interlocuteur

Listez ce que votre interlocuteur peut gagner dans cette négociation

De la même manière que vous avez dressé, lors de la première étape du Nego-System, la liste de toutes vos opportunités, faites de même pour ce qui est de votre interlocuteur. Essayez de vous mettre à sa place et listez tout ce qu'il pourrait vouloir gagner dans cette négociation. Pendant le face-à-face, vous utiliserez ces points pour proposer à votre vis-à-vis des solutions de négociation qui l'intéressent vraiment. Cela sera le côté « carotte » de votre négociation. Par exemple, vous vous entretenez avec un banquier au sujet de l'octroi d'un prêt immobilier. Une des opportunités que vous allez identifier pour lui sera l'occasion de vous fidéliser comme client sur le long terme. Lors de votre rendez-vous, vous pourrez lui proposer de domicilier vos salaires chez lui pendant toute la durée du prêt. Puisque vous avez noté ce point comme étant important à gagner pour lui, vous savez que ce sera un atout de poids à lui proposer en échange d'une concession que vous lui demanderez, sur le taux d'intérêt par exemple.

Listez ce que votre interlocuteur peut perdre dans cette négociation

En faisant cette liste, vous verrez apparaître tous les points de pression, voire les menaces, que vous pourrez utiliser pendant le face-à-face. En effet, si vous identifiez que l'autre partie tient à ne pas perdre tel ou tel objectif, vous pourrez le menacer précisément sur ce point, et obtenir en échange une concession de sa part. C'est le côté « bâton » de la négociation. Par exemple, vous voyez **votre** banquier cette fois-ci, pour l'octroi d'un prêt immobilier. Vous êtes un client de longue date de cette banque et elle ne souhaite pas que vous partiez à la concurrence, car personne n'aime réellement perdre un client fidèle. La simple évocation du fait que vous avez demandé des offres à d'autres organismes incitera probablement votre interlocuteur à plus de clémence à votre égard, c'est-à-dire à vous faire plus de concessions sur les conditions du prêt.

Pesez les opportunités et les risques de votre interlocuteur

Une fois les deux listes établies, soupesez les objectifs offensifs (opportunités) et défensifs (risques) et voyez si globalement l'autre partie négocie pour gagner ou pour éviter de perdre. Cela vous donnera une bonne idée de la manière dont votre interlocuteur entrera dans le face-à-face. Pour cela, identifiez, au-delà de la longueur de chaque liste, où sont les objectifs qui pèsent le plus pour lui.

Déduisez-en votre optique de négociation

La première étape de la check-list vous demande si vous négociez pour gagner ou pour éviter de perdre. La troisième étape vous demande de positionner votre interlocuteur sur ces mêmes thèmes. Dès lors 4 cas peuvent se présenter :

* vous négociez pour gagner et votre interlocuteur négocie pour éviter de perdre. Dans ce cas la bonne optique de négociation pour vous est l'optique **offensive** ;

* vous négociez pour éviter de perdre et votre interlocuteur négocie pour gagner. Dans ce cas votre optique de négociation devra être **défensive** ;

* vous et votre interlocuteur négociez pour gagner. Dans ce cas la bonne optique de négociation est l'optique **constructive** ;

* vous et votre interlocuteur négociez pour ne pas perdre. Cela signifie que les deux interlocuteurs ont plus à perdre qu'à gagner dans cette négociation. Dans ce cas la logique voudrait que l'on ne négocie pas. Si toutefois, le contexte vous force à négocier, choisissez l'optique **défensive.**

Le tableau suivant résume ces positions :

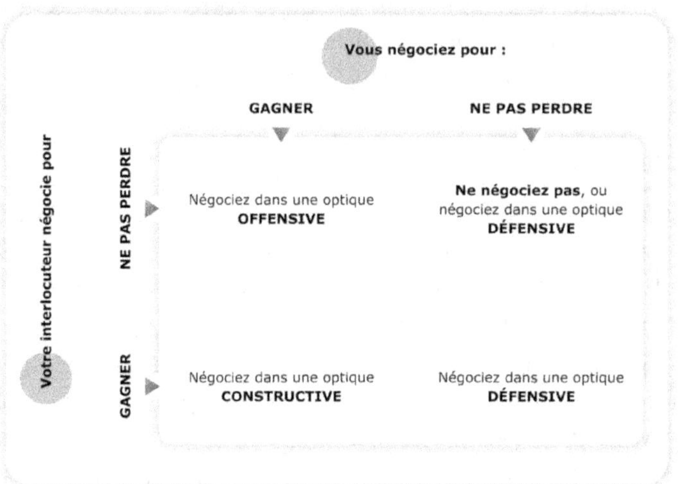

Le choix d'une optique de négociation influera sur le choix de votre stratégie, nous le verrons dans la prochaine étape de la check-list. Toutefois, le tableau donne les comportements qui sont associés à chaque optique de négociation.

Comment remplir l'étape 3 de la check-list ?

> **Étape 3 :** Je me place dans la bonne optique de négociation

Et mon interlocuteur ?

Tout ce qu'il peut gagner dans cette négociation, ses opportunités :

Tout ce qu'il peut perdre dans cette négociation, ses risques :

....

....

....

Globalement, il négocie pour (entourez) :

GAGNER   NE PAS PERDRE

Je me place dans une optique :

1	2	3	4	5	6	7	8	9	10
	Défensive			Constructive				Offensive	

Mettez-vous à la place de votre interlocuteur et faites la liste, dans la colonne de gauche, de toutes ses opportunités, de tout ce qu'il a à gagner dans cette négociation. Dans la colonne de droite, faites la liste de tous ses risques, de tout ce qu'il pourrait perdre. Faites le point et demandez-vous si, globalement, il négociera plutôt pour **gagner** ou pour **ne pas perdre.** Entourez la mention correspondante.

Enfin, reportez-vous au tableau des optiques de négociation pour savoir si vous devez vous placer dans une optique offensive, constructive ou défensive. Entourez un nombre entre 1 et 10 en fonction de cette analyse. Là encore, cette note resservira dans l'étape suivante de la check-list.

Pourquoi est-il difficile de chercher un accord gagnant-gagnant dans la négociation commerciale ?

Dans la plupart des cas de négociation commerciale, optique offensive et optique défensive sont partagées entre les deux parties. En effet, ce que l'un cherche à gagner est précisément ce que l'autre cherche à ne pas perdre. Un commercial souhaite augmenter ses prix chez un client alors que ce dernier ne veut pas perdre les bonnes conditions commerciales qu'il a négociées. Un acheteur cherche à réduire ses coûts alors que son fournisseur ne veut pas perdre sa marge. Un salarié négocie pour augmenter son salaire qui est justement ce que son patron ne veut pas lui accorder… Puisque l'un cherche à gagner et l'autre à ne pas perdre, comment pourraient-ils gagner tous les deux en même temps ? La base du gagnant-gagnant est de trouver une solution qui apporte à chacun plus que ce qu'elle ne lui coûte.

Or, bien souvent, l'un des deux négociateurs n'a rien à gagner. Il ne cherche qu'à conserver ce qu'il a déjà. Au mieux, la négociation ne lui coûtera ni ne lui rapportera rien, au pire, il aura dû faire des concessions qui représentent un coût. Est-ce à dire qu'une des deux parties cherche systématiquement à conclure un accord du type gagnant-perdant ? Non. Ce que nous cherchons généralement dans une négociation commerciale c'est gagner, être dans nos objectifs sans se soucier de savoir si notre interlocuteur est dans les siens. On recherche un accord du type gagnant-je ne sais pas, voire gagnant-je m'en fiche. Si mon interlocuteur est dans ses objectifs : tant mieux pour lui, sinon, tant pis, du moment où moi, je suis dans les miens.

On le voit bien, l'optique offensive n'est pas mauvaise en soi. Elle prend juste en compte le fait que les deux négociateurs ne peuvent généralement pas gagner tous les deux en même temps et que l'un d'eux cherche plus à ne pas perdre qu'à gagner.

Quid de la Négociation Raisonnée dans le cas de la négociation commerciale ?

Définition
Théorie de la négociation créée dans la fin des années 1970 au Harvard Negotiation Project et qui prône la recherche d'accords du type gagnant-gagnant. « Négociation Raisonnée », « Win-Win » et « École de Harvard » sont des synonymes.

Remarquons déjà que la Négociation Raisonnée ne fonctionne bien que si les deux négociateurs sont prêts à l'adopter. Imaginez un cas dans lequel vous jouez gagnant-gagnant alors que votre interlocuteur joue gagnant-je m'en fiche voire, gagnant-perdant. Qui selon vous a le plus de chance de s'en sortir ?

La réponse est malheureusement évidente : c'est votre interlocuteur qui atteindra ses objectifs et pas vous.

À l'inverse, si les deux protagonistes jouent gagnant-je ne sais pas (que nous notons « gagnant- ? »), c'est-à-dire si chacun tente de trouver un accord qui l'intéresse et laisse son interlocuteur faire de même, alors le point d'équilibre, l'accord final, ne pourra être trouvé que lorsque les deux parties auront atteint leurs objectifs. En fait, l'accord gagnant-gagnant existe mais il faut le voir comme le résultat logique de la négociation, et non pas comme l'objectif à atteindre.

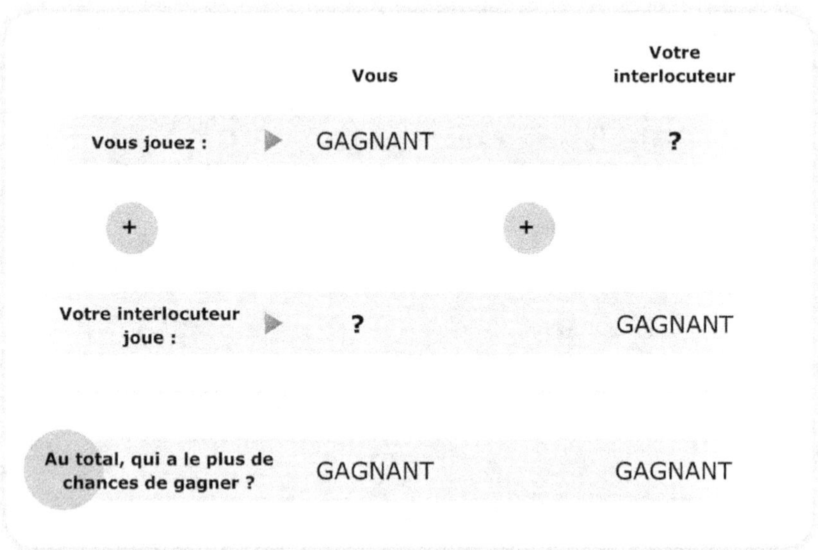

En négociation commerciale, on ne cherche pas à faire gagner l'autre, on cherche à gagner soi-même. On le fait sans complexe parce que l'on sait que notre interlocuteur fait la même chose de son côté et que le résultat de cette double démarche sera forcément un accord du type gagnant-gagnant, même si ce n'est pas ce que nous avions cherché.

Quand la Négociation Raisonnée est-elle utile alors ?

Si la Négociation Raisonnée n'est pas utile à la négociation commerciale, quand est-elle utile ? Principalement pour les négociations de gestion des conflits. Lorsqu'un désaccord apparaît entre deux collègues, un manager et son équipe, deux personnes de la même famille, des voisins... il est important d'être capable de vous mettre à la place de votre vis-à-vis, de faire preuve d'empathie et de chercher une solution qu'il l'intéresse autant que ce qu'elle vous intéresse.

Nous savons que votre interlocuteur ne pourra sortir de l'entretien que lorsque son problème aura été résolu et qu'il aura obtenu un bénéfice concret et suffisant. Dans ce cas, la Négociation Raisonnée prend tout son sens. Une des stratégies que nous décrirons dans le chapitre suivant lui fait la part belle.

Que veut dire rechercher un accord de type gagnant-je ne sais pas pour la négociation commerciale ?

La deuxième partie de cet ouvrage décrit les meilleures pratiques de négociation. En particulier, vous y trouverez tout ce qu'il faut faire, ne pas faire et les pièges à éviter pour atteindre vos objectifs en vous focalisant sur les accords qui vous intéressent et en laissant votre interlocuteur défendre lui-même ses intérêts.

Chapitre 4

Choisir la stratégie la mieux adaptée

Dans ce chapitre, vous apprendrez à :

✔ *manier la notion complexe de stratégie de négociation ;*
✔ *choisir la stratégie gagnante pour votre négociation ;*
✔ *mettre en place très concrètement votre stratégie pour le face-à-face.*

Sandy Boulley est Directeur Adjoint d'un hypermarché Auchan. Nous prenons plaisir à échanger nos points de vue sur la vie des affaires et les pratiques commerciales.

« Lorsque je prépare une négociation j'insiste particulièrement sur l'identification de ce sur quoi elle se joue et la définition de la stratégie. Concrètement, je cherche à déterminer le comportement que je vais adopter pendant le face-à-face. Je liste mes arguments et je les priorise. Enfin, je vais trouver les réponses aux objections de mon interlocuteur. Pour cela, je mène une analyse de l'environnement en termes d'opportunités et de menaces. Cette analyse fait ressortir l'enjeu naturel que cette négociation a pour moi : Est-ce que je vais négocier un prix, des délais ou un volume... Dans cet enjeu, je détermine ensuite mes ambitions. Par exemple, si l'enjeu est une croissance de volume, je vais déterminer sur quelle ligne de produit précisément, je veux réaliser cette croissance. L'étape suivante est la prise de conscience de mes forces et de mes faiblesses dans la réalisation de cette ambition. Enfin, je quantifie cette ambition dans un objectif concret à atteindre. »

Choisir une stratégie, c'est travailler sur le réel. C'est prévoir tout ce que vous devez dire et tout ce que vous devez faire pour gagner la négociation. Beaucoup d'auteurs comparent les stratégies de négociation aux stratégies militaires ou aux concepts philosophiques asiatiques. Je trouve cela compliqué et peu opérationnel. Le Nego-System propose une vision très intéressante de ce qu'est une stratégie de négociation en se fondant sur cinq critères. En les combinant entre eux, vous pourrez définir des stratégies types qui s'adaptent à tous les contextes de négociation. En choisissant celle qui convient à votre contexte particulier, vous obtiendrez un guide facile à suivre qui vous dira que dire et que faire pendant le face-à-face, pour atteindre vos objectifs.

Définir une stratégie de négociation en 5 critères clés

Critère n° 1 : l'Initiative

Déterminez qui, de vous ou de votre interlocuteur, doit prendre l'initiative de cette négociation. En clair, qui doit contacter l'autre pour commencer à négocier. Prendre les devants ou laisser votre interlocuteur le faire est une décision importante car elle impacte de nombreuses composantes du face-à-face. En effet, c'est bien souvent celui qui initie le processus qui fixe, du même coup :

* le lieu de la négociation ;
* la date et l'heure ;
* le nombre et la qualité des négociateurs ;
* et surtout l'ordre du jour.

Bien entendu, tous ces choix seront faits de manière intéressée. La partie qui prend l'initiative se placera dans les meilleures conditions (faire la négociation dans son bureau par exemple ou encore sortir de l'ordre du jour les points sur lesquels elle est la plus faible...).

Pour ce qui est de ce premier critère, le choix est simple : vous pouvez prendre l'initiative ou la laisser à votre interlocuteur. Cela dépendra essentiellement de votre optique de négociation. Si vous êtes dans une optique défensive, cela signifie que vous avez plus à perdre qu'à gagner. Dans ce cas, votre intérêt n'est pas de provoquer le face-à-face. Votre jeu est plutôt de vous faire oublier en espérant que votre interlocuteur ne viendra pas vous demander un rendez-vous. Si, au contraire, vous êtes dans une optique offensive, cela signifie que vous avez plus à gagner qu'à perdre. Dans ce cas c'est à vous de solliciter votre vis-à-vis et donc de prendre l'initiative. Enfin, si l'optique est constructive cela signifie que les deux parties ont plus à gagner qu'à perdre. Toutes deux peuvent légitimement faire l'ouverture. Dans ce cas, nous vous conseillons d'être à l'origine des débats et de profiter de tout le pouvoir de négociation qu'elle confère. Le schéma suivant résume les points liés au premier critère.

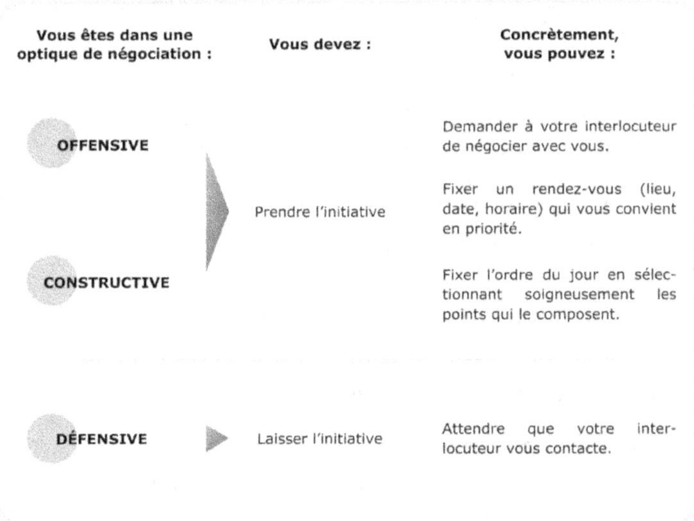

Critère n° 2 : le Rôle Primaire

Le deuxième critère qui caractérise une stratégie est le Rôle Primaire. En effet, la manière avec laquelle vous aborderez votre relation à l'autre, en étant leader, partenaire ou suiveur, aura une incidence sur le résultat de votre négociation. C'est donc une partie importante de votre préparation. Nous ne nous étendrons pas plus avant sur ce sujet que vous connaissez bien maintenant. Si toutefois vous voulez vous rafraîchir la mémoire, référez-vous au tableau page 33.

Critère n° 3 : le Rôle Secondaire

Comme le Rôle Primaire, le Rôle Secondaire permet aussi de décrire quel comportement vous adopterez pendant le face-à-face. De manière plus détaillée cette fois-ci. Nous avons vu qu'il y a de nombreuses façons de se montrer leader, partenaire ou suiveur. Le Rôle Secondaire, c'est la description de la façon que vous choisirez pour cette négociation précise.

Ce choix dépend de plusieurs facteurs :

- votre propre personnalité : vouloir jouer un rôle trop éloigné de qui vous êtes vraiment est dangereux car difficile ;

- la personnalité de votre interlocuteur : ce que vous savez de lui et de sa manière de se comporter va influer sur votre propre attitude ;

- le contexte de la négociation, l'historique de la relation entre votre vis-à-vis et vous : ce qui a déjà été dit et fait par l'un et l'autre influera sur ce que vous pouvez faire à présent.

Choisir un Rôle Secondaire c'est personnaliser votre stratégie, en fonction des acteurs et du contexte. Vous l'avez déjà compris, le Nego-System vous propose 5 options stratégiques prédéfinies que nous découvrirons plus avant. Elles sont génériques car elles ont vocation à couvrir, à elles seules, toute la gamme des négociations que vous pourrez être amené à jouer. Le Rôle Secondaire permet de sortir de cet aspect générique et d'affiner votre stratégie en prenant en compte les éléments contextuels de votre situation.

Concrètement, choisir un Rôle Secondaire revient à choisir entre un et trois adjectifs qualificatifs (ou assimilé) qui vont venir détailler et personnaliser votre Rôle Primaire. Le tableau suivant donne quelques exemples. Ces listes ne sont pas exhaustives, c'est à vous de les compléter en fonction de vos contextes de négociation.

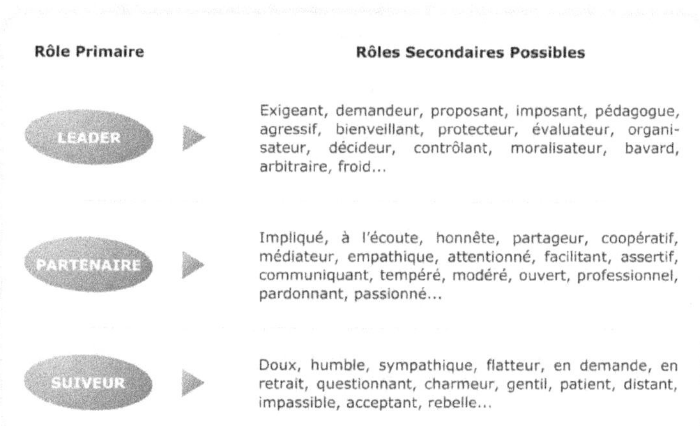

Critère n° 4 : la Gestion du Temps

Le quatrième élément essentiel de votre stratégie est la manière dont vous allez gérer votre temps. Surtout lorsque l'on sait que 80 % des accords se signent dans les derniers 5 % du temps disponible. Trois options vous sont ouvertes :

- vous pouvez décider d'aller vite et ainsi réduire votre temps de négociation et celui de votre interlocuteur. Par exemple, pour le prendre de vitesse, pour ne pas lui laisser le temps de la réflexion ou pour écourter la pression qu'il fait peser sur vous ;

- vous pouvez décider d'aller lentement et ainsi faire perdre son temps à votre interlocuteur. Par exemple, pour fuir la négociation ou encore éterniser les débats et lasser l'autre partie qui finira par abandonner ;

- vous pouvez décider de prendre le temps nécessaire, qu'elle qu'en soit la longueur. Par exemple, pour vous donner le temps de bien connaître et comprendre votre interlocuteur.

Les tableaux suivants vous donnent des exemples d'utilisation du critère n° 4.

Vous cherchez à :

Profiter rapidement des opportunités de cette négociation,

Récolter rapidement les bénéfices négociés,

Asphyxier votre interlocuteur,

Ne pas lui laisser le temps de la réflexion,

Faire peser sur lui une pression forte,

Profiter d'un contexte temporairement favorable,

Clore rapidement la négociation pour ne pas laisser le temps à votre interlocuteur de vous attaquer ou de développer sa stratégie.

Optez pour une gestion du temps du type :

 **ALLER VITE**

Les comportements associés possibles sont :

Fixez des échéances claires et rapprochées,

Fixez des rendez-vous de négociation proches dans le temps,

Entre les rencontres avec votre interlocuteur, suivez ses avancées dans le dossier,

Fixez des ordres du jour clairs et détaillés,

Pendant le face-à-face, soyez concis, allez directement à l'essentiel,

Formalisez tous les accords,

Supprimez de l'ordre du jour et de la discussion tous les points qui ne vous sont pas essentiels.

Vous cherchez à :

Eviter de négocier, fuir les débats,

Vous soustraire à vos engagements,

Emousser les arguments de votre interlocuteur,

Le fatiguer, le lasser,

Laisser pourrir la situation pour ne pas subir de pression,

Attendre en revirement de situation,

Attendre un contexte plus favorable.

Optez pour une gestion du temps du type :

 **ALLER LENTEMENT**

Les comportements associés possibles sont :

Ne répondez pas aux appels et aux messages de votre interlocuteur, rendez-vous indisponible,

Fixez des rendez-vous le plus loin possible dans le temps,

Annulez des rendez-vous, reportez-les,

Faites-vous remplacer par quelqu'un de non décisionnaire,

Pendant le face-à-face évitez les sujets à fort enjeu, parlez d'autre chose, détournez la conversation,

Pendant le face-à-face soyez évasif, ne vous engagez pas.

Vous cherchez à :

Connaître votre interlocuteur,

Développer une relation de confiance,

Mettre en place une stratégie complexe,

Séduire votre interlocuteur, le manipuler,

Vous faire comprendre, vous faire accepter.

Optez pour une gestion du temps du type :

 **PRENDRE LE TEMPS NÉCESSAIRE**

Les comportements associés possibles sont :

Rassurez votre interlocuteur sur le fait que vous n'êtes pas pressé de conclure,

Pour chaque rencontre, prévoyez une plage horaire suffisamment large,

Pendant le face-à-face, prenez le temps d'aller au bout des questionnements,

Explorez avec soin tous les sujets.

Critère n° 5 : le Mot d'Ordre

Le mot d'ordre est un verbe à l'infinitif qui résume l'intégralité de votre stratégie. Il vous permet, en un coup d'œil, de savoir comment aborder votre face-à-face. Le Nego-System vous propose cinq Mots d'Ordre qui s'adaptent aux différentes situations de négociation :

- mettre la pression ;
- résister ;
- coopérer ;
- séduire ;
- donner une victoire.

Ce dernier mot d'ordre peut paraître énigmatique pour le moment. Il sera expliqué ci-après, comme les autres. Toutefois, repensez aux quatre premiers : n'avez-vous jamais été dans une situation de négociation dans laquelle il vous a semblé que toute la démarche de votre interlocuteur était de vous « mettre la pression » ? Ou encore de « résister » à toutes vos attaques et de se défendre à tout prix ? N'avez-vous jamais rencontré de négociateur dont le seul but était de vous charmer, de vous « séduire » pour obtenir de vous ce qu'il souhaitait ? Enfin, n'avez-vous jamais été en face de quelqu'un dont la démarche d'ensemble était de « coopérer » avec vous pour trouver un accord satisfaisant pour les deux parties ?

Vous le voyez maintenant, ces Mots d'Ordre résument, en une expression, de véritables réalités de négociation. À eux seuls ils incarnent toute une démarche, une stratégie. Entrer dans le face-à-face avec l'objectif de « mettre la pression », ce n'est pas pareil que de vouloir avant tout « coopérer » ou « séduire ». Utiliser les Mots d'Ordre c'est vous garantir que vous adopterez, dès le début de l'entretien, la bonne démarche d'ensemble, celle qui vous permettra d'atteindre vos objectifs.

Le nom de la stratégie

Le nom n'est pas un critère à proprement parler. Il sert avant tout de moyen mnémotechnique. Un nom adapté est à la fois une excellente illustration de la stratégie et un moyen de se la rappeler. Pour le Nego-System, nous avons choisi des noms de personnages des *Fables* de Jean de La Fontaine :

- le loup de la fable *Le Loup et l'Agneau* ;
- la fourmi de la fable *La Cigale et la Fourmi* ;
- le lion de la fable *Le Lion et le Rat* ;
- le renard de la fable *Le Corbeau et le Renard* ;
- le petit poisson de la fable *Le Petit Poisson et le Pêcheur*.

Ce choix est judicieux car vous connaissez ces fables et ces personnages (dans le cas contraire, ne vous inquiétez pas, les fables sont reprises dans les paragraphes suivants). Ils constituent donc d'excellents moyens mnémotechniques. Tous les personnages choisis sont dans une situation de négociation et utilisent, pour atteindre leurs objectifs, la stratégie du Nego-System correspondante.

En conclusion, choisir une stratégie de négociation c'est choisir, pour chacun des cinq critères, la modalité qui convient le mieux à votre contexte particulier. Le tableau suivant résume bien les choix possibles.

Une stratégie de négociation se caractérise par :

Un nom
Issu des
Fables de La
Fontaine

> Le Loup,
> La Fourmi,
> Le Lion,
> Le Renard,
> Le Petit Poisson.

Un mot d'ordre
Verbe à l'infinitif qui
résume toute la
démarche

> Mettre la pression,
> Résister,
> Coopérer,
> Séduire,
> Donner une victoire.

L'initiative

> Je prends l'initiative,
> Je laisse l'initiative à mon interlocuteur.

Un Rôle Primaire

> Leader,
> Partenaire,
> Suiveur.

Un Rôle Secondaire

> Entre 1 et 3 adjectifs qualificatifs (ou assimilé)
> qui décrivent le comportement le mieux adapté
> à l'atteinte de mes objectifs.

**Une manière de gérer
le temps de négociation**

> Aller vite,
> Aller lentement,
> Prendre le temps nécessaire.

La matrice des stratégies

Vous connaissez maintenant toutes les composantes de ce que l'on appelle une stratégie de négociation. Reste maintenant à choisir la meilleure pour vous permettre d'atteindre vos objectifs. La question à laquelle vous devez répondre est de savoir comment combiner les modalités des cinq critères en fonction du contexte dans lequel vous vous trouvez. La matrice suivante répond à cette question.

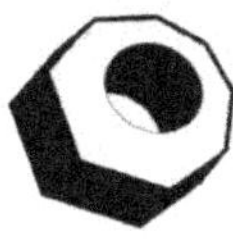

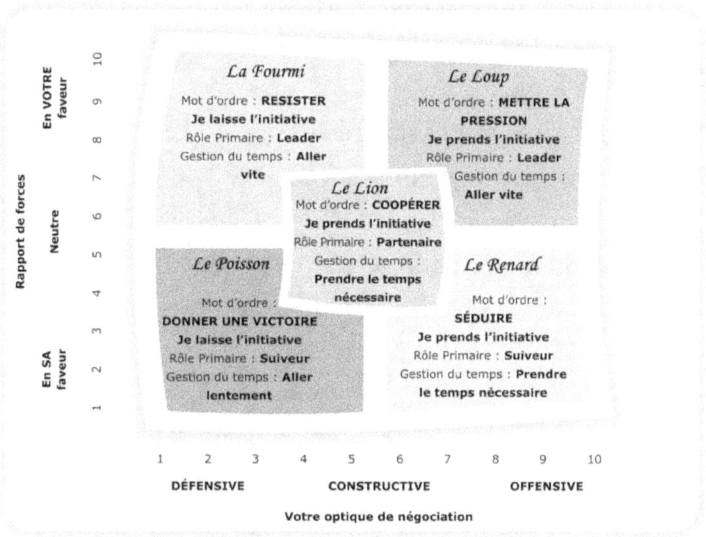

Examinons cette matrice d'un peu plus près. Commençons par ses axes. À gauche, l'axe vertical est l'échelle du rapport de forces, la même que celle que vous avez remplie dans l'étape 2 de la check-list. En bas, l'axe horizontal est l'échelle de l'optique de négociation, la même que celle que vous avez remplie dans l'étape 3 de la check-list.

Pour savoir quelle stratégie est la mieux appropriée à votre négociation, il vous suffit de reporter les résultats des étapes 2 et 3 de la check-list dans la matrice et d'y lire la case correspondante.

Prenons un exemple. Dans l'étape 2 de la check-list vous vous rendez compte que vos forces sont bien supérieures à celles de votre interlocuteur. Le rapport de forces penche donc en votre faveur. Vous évaluez ce rapport de forces par une note 8 sur l'échelle qui va de 1 à 10. Dans l'étape 3 de la check-list vous identifiez que vous avez plus à gagner qu'à perdre alors que c'est le contraire pour votre interlocuteur. Vous optez donc pour une optique offensive que vous notez 9 sur l'échelle de 1 à 10. En reportant ces notes dans la matrice, vous lisez que vous devez adopter la stratégie du Loup. Cette stratégie se décrit de la manière suivante :

- nom : le Loup ;

- Mot d'Ordre : mettre la pression ;

- initiative : prendre l'initiative ;

- Rôle Primaire : leader ;

- gestion du temps : aller vite.

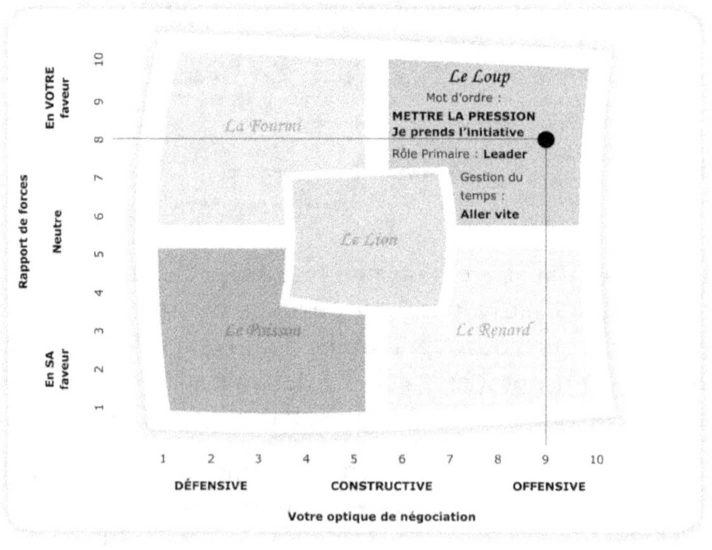

Rentrons maintenant dans le détail de chaque stratégie.

Mettre la pression

Le rapport de forces est en votre faveur **et** vous êtes dans une optique offensive : mettre la pression, prendre l'initiative, être leader, aller vite.

La raison du plus fort est toujours la meilleure :
Nous l'allons montrer tout à l'heure.

Un agneau se désaltérait
Dans le courant d'une onde pure.
Un loup survient à jeun, qui cherchait aventure,
Et que la faim en ces lieux attirait.
« Qui te rend si hardi de troubler mon breuvage ?
Dit cet animal plein de rage :
Tu seras châtié de ta témérité.
- Sire, répond l'agneau, que Votre Majesté
Ne se mette pas en colère ;
Mais plutôt qu'elle considère
Que je me vas désaltérant
Dans le courant,
Plus de vingt pas au-dessous d'Elle ;
Et que par conséquent, en aucune façon,
Je ne puis troubler sa boisson.
- Tu la troubles, reprit cette bête cruelle,
Et je sais que de moi tu médis l'an passé.
- Comment l'aurais-Je fait si je n'étais pas né?
Reprit l'agneau ; je tette encore ma mère
- Si ce n'est toi, c'est donc ton frère.
- Je n'en ai point.
- C'est donc quelqu'un des tiens :
Car vous ne m'épargnez guère,
Vous, vos bergers et vos chiens.
On me l'a dit : il faut que je me venge. »
Là-dessus, au fond des forêts
Le loup l'emporte et puis le mange,
Sans autre forme de procès.

Le loup et l'agneau
Jean de la Fontaine

Mettre la pression
Prendre l'initiative
Leader
Exigeant, demandeur, proposant...
Aller vite

La morale de cette fable est : « La raison du plus fort est toujours la meilleure ». Cette devise doit être aussi la vôtre lorsque vous adoptez cette stratégie. Tel le loup de La Fontaine mettez la pression sur votre interlocuteur jusqu'à obtenir ce que vous souhaitez. Balayez ses arguments d'un revers de manche et ne vous attardez pas sur ses pertes éventuelles. Concentrez-vous sur vos gains sans vous laisser apitoyer. Fixez-vous des objectifs ambitieux, préparez des solutions toutes faites. Pendant le face-à-face, soyez sûr de vous, autoritaire, ferme sur vos positions. Ne faites que très peu de concessions.

Prenez et gardez l'initiative de l'entretien et tâchez d'écourter la négociation. Profitez au plus vite du contexte qui vous est favorable sans laisser le temps à votre vis-à-vis de réagir et de retourner la situation en sa faveur.

> **Quelques Rôles Secondaires possibles pour la stratégie du Loup**
>
> Dur, fermé, volontaire, hautain, menaçant, actif, inquisiteur, fort, décidé, exigeant, impressionnant, offensif, inflexible, agressif, froid...

Exemple de négociation dans la stratégie du loup

Un acheteur (de grande distribution ou industriel) négocie avec son fournisseur, en cours de contrat, une baisse des prix ou une amélioration des délais de paiement. Ce dernier est substituable et le chiffre d'affaires qu'il réalise avec ce client est important et il ne peut donc pas se permettre de le perdre.

L'acheteur, qui vise une amélioration de ses conditions financières sera donc bien dans une optique offensive tandis que le fournisseur sera dans une optique défensive.

Par ailleurs, la dépendance du vendeur vis-à-vis de son client fait que celui-ci se trouve en position de force.

Pour réussir sa négociation l'acheteur devra se placer dans la stratégie du loup et :

* prendre l'initiative de convoquer le fournisseur dans son bureau ;
* se montrer ambitieux (mais réaliste) sur la baisse des prix ou les conditions de paiement demandées ;
* argumenter sa position sans laisser le loisir à son interlocuteur d'argumenter la sienne ;
* se montrer ferme, dur, décidé ;
* menacer de changer de fournisseur avant que celui-ci ne menace de stopper les approvisionnements ;
* faire peu de concessions et, pour chacune d'elles, demander une contrepartie importante ;
* aller vite.

Résister comme la fourmi

Le rapport de forces est en votre faveur **et** vous êtes dans une optique défensive : résister aux attaques, laisser l'initiative ; être leader, aller vite.

Lorsque vous êtes dans cette case de la matrice vous êtes dans une optique défensive. C'est-à-dire que vous êtes attaqué, votre interlocuteur essaie de vous prendre quelque chose. Heureusement, le rapport de forces penche en votre faveur, vous êtes plus fort que lui. À l'instar de la fourmi de la fable, vous pouvez résister à ses attaques. Le principe de base de cette stratégie est de dire « non » et de refuser en bloc les tentatives de l'autre partie. Appuyez-vous sur vos forces, sur vos arguments qui sont supérieurs aux siens. Laissez-le parler et venir avec ses propositions. Voyez en quoi vous pouvez les contrer et recentrez-vous sur vos objections.

Gardez toujours la position de leader et montrez que vos forces vous confèrent le droit de décider en dernier recours. Ne vous laissez rien imposer.

Plus vous écourterez l'entretien, moins vous donnerez d'importance aux arguments adverses et plus vous protégerez vos intérêts.

> **Quelques Rôles Secondaires possibles pour la stratégie de la Fourmi**
>
> Refusant, supérieur, arrogant, résistant, ironique, incisif, fermé, froid, calculateur, distant, de mauvaise foi, borné...

Exemple de négociation dans la stratégie de la Fourmi

Un patron négocie avec un salarié qui lui demande une avance sur salaire.

Seul ce dernier a réellement quelque chose à gagner dans cette négociation. Le responsable hiérarchique joue donc en défensif. Toutefois, il a le pouvoir de décision et donc le rapport de forces est en sa faveur.

Pour réussir sa négociation le patron devra adopter la stratégie de la fourmi et :

* garder ses distances par rapport à l'argumentation du salarié et se contenter de rester centré sur sa propre argumentation ;
* se montrer ferme, froid et décidé ;
* refuser rapidement pour montrer sa supériorité.

Coopérer comme le lion

Le rapport de forces est neutre **ou** vous êtes dans une optique constructive : coopérer, prendre l'initiative, être partenaire, prendre le temps nécessaire.

Cette fable met l'accent sur les intérêts mutuels qu'ont le lion et le rat à coopérer. Chacun trouve, dans le fait d'aider l'autre, la satisfaction de ses propres objectifs. Lorsque vous êtes dans la case centrale de la matrice votre situation est identique. Votre interlocuteur et vous, avez tous deux plus à gagner qu'à perdre. Ici ce sont les réflexes de la Négociation Raisonnée qu'il vous faudra appliquer. Attachez-vous à identifier les objectifs réels des deux parties et à trouver des solutions qui les satisfont tous. Recherchez un accord de type gagnant-gagnant. Pour cela, il vous faudra prendre le temps de travailler en toute confiance et en toute transparence. Faites preuve de patience et d'empathie pour comprendre votre vis-à-vis, ses positions et ses attentes. Ne pointez pas du doigt les différences de position mais plutôt ce qui vous rapproche.

Votre communication devra être centrée sur l'écoute et sur l'explication claire et objective de vos attentes. La stratégie du lion repose sur la coopération et non sur la tricherie.

Quelques Rôles Secondaires possibles pour la stratégie du Lion

Ouvert, à l'écoute, empathique, assertif, créatif, coopératif, sociable, concret, objectif, confiant, juste, stable...

Exemple de négociation dans la stratégie du Lion

Un top-modèle incontournable négocie son contrat avec l'agence la plus réputée.

Agence et mannequin ont tous deux de quoi apporter à l'autre (notoriété, nouvelles affaires...) Ils se trouvent donc naturellement dans une optique constructive.

Les forces du mannequin et celles de l'agence sont comparables (réputation, aspect incontournable), le rapport de forces est neutre.

Pour réussir sa négociation, le mannequin devra adopter la stratégie du lion et :

* prendre l'initiative d'aller voir l'agence ;

* développer un véritable partenariat fondé sur ses atouts et sur ceux de l'agence ;

* prendre le temps de développer avec l'agence une relation de travail efficace fondée sur l'écoute, la compréhension mutuelle et la confiance.

Séduire comme le renard

Le rapport de forces est en votre défaveur **et** vous êtes dans une optique offensive : séduire, prendre l'initiative, être suiveur, prendre le temps nécessaire.

Lorsque vous vous placez dans cette case de la matrice votre situation est délicate. En effet, vous avez des objectifs offensifs à atteindre mais vous n'avez pas les forces qui correspondent. Vous êtes en situation de faiblesse par rapport à un interlocuteur à qui vous allez chercher à prendre quelque chose. Il se sentira à la fois fort et attaqué. Il développera la stratégie de défense la plus efficace : celle de la fourmi.

Votre seul recours est de le faire sortir de sa coquille en le charmant. Comme le renard de la fable qui flatte le corbeau pour le faire rester sur sa branche et ouvrir le bec qui lâchera le fromage, vous devez séduire votre interlocuteur pour l'amener à accepter vos propositions.

Le principe de base est simple : puisque vous êtes la partie faible de cette négociation, il faudra jouer avec les forces de votre vis-à-vis. Tel un judoka qui se sert de la puissance de son adversaire pour le déséquilibrer, vous utiliserez votre position de faiblesse pour lui inspirer confiance et lui soutirer ce que vous recherchez.

La stratégie du renard repose sur le fait que vous laissiez le leadership à votre interlocuteur. Vous dirigez en fait les débats mais par en dessous, discrètement. Flattez l'orgueil de votre « corbeau » parlez-lui de lui, questionnez-le, demandez-lui conseil pour l'amener à se découvrir. Plus il parlera, plus il vous dévoilera de failles dans son système de défense.

Ne proposez jamais de solution à la négociation. En bon leader, votre interlocuteur ne pourrait pas l'accepter. En revanche, amenez-le, grâce à un questionnement adapté, à vous proposer justement ce que vous souhaitez entendre.

Quelques Rôles Secondaires possibles pour la stratégie du Renard

Manipulateur, charmeur, flatteur, questionnant, en demande de conseil, faible, naïf, jeune, soumis, sociable, à l'aise, agréable, diplomate, acceptant...

Exemple de négociation dans la stratégie du Renard

Un particulier négocie un découvert à sa banque.

Le client, qui demande à son conseiller clientèle de déroger aux règles habituelles de fonctionnement d'un compte courant, se place en optique offensive.

Par ailleurs, il est en position de faiblesse car il s'en remet à la bonne volonté du banquier qui a tout loisir de refuser.

Pour réussir sa négociation le particulier devra se placer en Renard et :

* prendre l'initiative d'aller voir son banquier le plus tôt possible ;
* le conforter dans son rôle de conseiller et de financier ;
* exposer sa situation et laisser son interlocuteur faire les propositions ;
* orienter les propositions du banquier en posant les bonnes questions et en demandant conseil ;
* lui laisser le temps de bien comprendre la situation et de penser lui-même à des solutions de financement.

Donner une victoire comme le petit poisson

Le rapport de forces est en votre défaveur **et** vous êtes dans une optique défensive : donner une victoire, laisser l'initiative, être suiveur, aller lentement.

Dans cette case de la matrice vous êtes dans la position la moins enviable. Vous devrez affronter un « Loup ». Votre objectif est de perdre le moins possible c'est-à-dire de résister aux attaques et de vous arrêter aux concessions minimales. À l'instar du petit poisson de la fable, vous allez essayer de sauver votre peau. Bien entendu la difficulté réside dans le fait que votre adversaire est en position de force.

Le Poisson

Petit poisson deviendra grand
Pourvu que Dieu lui prête vie;
Mais le lâcher en attendant,
Je tiens pour moi que c'est folie :
Car de le rattraper il n'est pas trop certain

Un carpeau, qui n'était encore que fretin,
Fut pris par un pêcheur au bord d'une rivière.
«Tout fait nombre, dit l'homme en voyant son butin;
Voilà commencement de chère et de festin :
Mettons-le en notre gibecière.»
Le pauvre carpillon lui dit en sa manière :
«Que ferez-vous de moi ? Je ne saurais fournir
Au plus qu'une demi bouchée.
Laissez-moi carpe devenir :
Je serai par vous repêchée;
Quelque gros partisan m'achètera bien cher :
Au lieu qu'il vous en faut chercher
Peut-être encor cent de ma taille
Pour faire un plat. Quel plat ? croyez-moi, rien qui vaille.
- Rien qui vaille ? Eh bien ! soit, repartit le pêcheur :
Poisson, mon bel ami, qui faites le prêcheur,
Vous irez dans la poêle; et vous avez beau dire,
Dès ce soir on vous fera frire .»
Un Tiens vaut, ce dit-on, mieux que deux Tu l'auras;
L'un est sûr, l'autre ne l'est pas.

Le petit poisson et le pêcheur
Jean de la fontaine

Donner une victoire
Laisser l'initiative
Suiveur
Doux, humble, sympathique...
Aller lentement

Le mot d'ordre de cette stratégie est « donner une victoire » en langage négociation, cela veut dire que vous devez faire une concession tôt dans l'entretien. Ainsi votre vis-à-vis aura déjà gagné quelque chose sur vous. Puis, vous devrez faire en sorte de valoriser sans cesse cette concession, arguant de son importance et de son coût afin de ne pas en faire d'autre. Toute votre communication doit être centrée sur le fait que vous ne pouvez pas faire d'autre concession que celle que vous avez déjà faite. « Donner une victoire » c'est en fait ne donner qu'une seule victoire.

> **Quelques Rôles Secondaires possibles pour la stratégie du Poisson**
>
> Fuyant, retardataire, peu impliqué, humble, gentil, à l'écoute, distrait, désorganisé, refusant, réfractaire, non-décisionnaire, économe...

Exemple de négociation dans la stratégie du petit poisson

Un salarié est convoqué par son DRH à un entretien où l'on va discuter d'une mutation dont il ne veut pas.

Seul le DRH négocie pour gagner quelque chose. Le salarié, lui, ne peut que voir sa situation empirer (mutation), il est dans une optique défensive.

De plus, il aborde cette négociation en position de faiblesse. Il ne peut pas vraiment aller à l'encontre d'une décision prise par la direction sous peine de perdre son emploi.

Pour réussir sa négociation le salarié devra se placer en petit poisson et :

- laisser l'initiative de l'entretien au DRH ;
- envisager avec lui toutes les solutions alternatives à la mutation ;
- faire une concession très tôt, sur un sujet autre que la mutation, et argumenter cette concession comme étant la dernière possibilité ;
- se montrer humble et coopératif.

Comment remplir l'étape 4 de la check-list ?

> **Étape 4** : Je choisis la stratégie de négociation la plus appropriée

Cochez la case

1. Nom de la stratégie :

2. Mot d'ordre :

3. Initiative :

4. Rôle Primaire :

5. Rôle Secondaire :

6. Gestion du temps :

Tout d'abord, mettre une croix dans la case de la matrice de gauche qui correspond à votre contexte de négociation. Pour cela utilisez les échelles de 1 à 10 de la matrice détaillée page 59. Une fois la croix positionnée, lisez, toujours sur la matrice détaillée, la stratégie qui correspond et recopiez-en les composantes (nom, mot d'ordre, initiative, rôle Primaire et gestion du temps). Enfin, définissez votre Rôle Secondaire par des adjectifs qualificatifs (ou assimilé) et notez-les dans la check-list.

Fiche pratique
Les stratégies de négociation

1. Une stratégie de négociation se définit en utilisant cinq critères qui peuvent chacun prendre plusieurs modalités :

➤ *le Mot d'Ordre (mettre la pression – résister – coopérer – séduire – donner une victoire) ;*

➤ *l'Initiative (prendre l'initiative – laisser l'initiative à l'interlocuteur) ;*

➤ *le Rôle Primaire (leader – partenaire – suiveur) ;*

➤ *le Rôle Secondaire (trois adjectifs qualificatifs) ;*

➤ *la Gestion du Temps (aller vite – aller lentement – prendre le temps nécessaire).*

2. Les étapes 2 et 3 de la check-list et la matrice Nego-System nous donnent quelle modalité choisir pour chaque critère, c'est-à-dire quelle stratégie adopter.

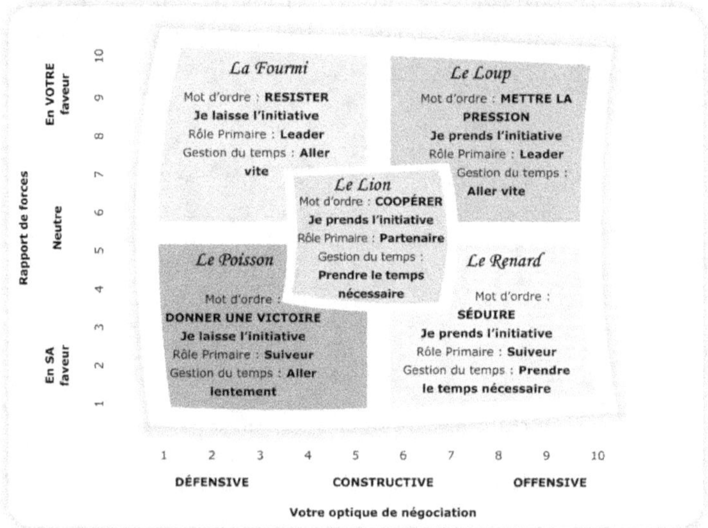

3. Le critère Rôle Secondaire n'est pas décrit par la matrice. Il dépend de la façon dont vous voulez affiner votre stratégie en fonction de votre personnalité, de celle de votre interlocuteur, du contexte et de l'historique de votre relation.

Sur le bureau de l'expert
Lien entre Rôle Secondaire et Analyse Transactionnelle

Nous avons vu le lien entre Rôle Primaire et Analyse Transactionnelle en écrivant que les trois positionnements leader, partenaire et suiveur trouvaient un écho dans les trois États du Moi : Parent, Adulte et Enfant. De même que l'Analyse Transactionnelle décrit plusieurs manières d'adopter un comportement de la sphère Parent, nous avons vu qu'il y a plusieurs manières de se montrer leader. En Analyse Transactionnelle, on parle de « modèle structurel d'ordre 2 » pour décrire ces finesses, en négociation, on parle de « Rôle Secondaire ».

Où sont les cases manquantes de la matrice des stratégies ?

La matrice Nego-System ou matrice des stratégies se construit à partir de l'analyse du rapport de forces et de celle de l'optique de négociation. Il y a trois possibilités pour le rapport de forces : En votre faveur, neutre ou en votre défaveur. Il y a aussi trois possibilités pour l'optique de négociation : offensive, constructive ou défensive. Si l'on croise trois possibilités par trois possibilités on devrait logiquement obtenir une matrice à neuf cases. Or il n'y en a que cinq. Les quatre cases manquantes existent bien du point de vue théorique mais ce sont des situations de négociation rarissimes sur le terrain et dans le monde des affaires. C'est pourquoi, j'ai pris la décision de ne pas vous les imposer. Toutefois, si vous ressentez cruellement ce manque et que vous voulez composer votre propre matrice à neuf cases, relisez les fables de Jean La Fontaine suivantes et vous trouverez la clé de vos interrogations :

- la Forêt et le Bûcheron ;
- les Frelons et les Mouches à miel ;
- le Chat et un Vieux Rat ;
- le Chêne et le Roseau ;

Chapitre 5

Jouer un rôle, comment faire ?

Dans ce chapitre, vous apprendrez à :

✔ *utiliser le langage de votre corps et votre communication non verbale pour renforcer votre pouvoir de persuasion ;*

✔ *construire un outil, le modèle comportemental, qui vous aidera à crédibiliser le Rôle Primaire et le Rôle Secondaire choisis.*

Dans un face-à-face de négociation, on n'est jamais 100 % soi-même. Notre stratégie nous guide dans un rôle Primaire et un rôle Secondaire qui ne sont pas nécessairement le reflet de notre personnalité réelle. Dès lors, nous devons jouer, comme un acteur à qui l'on décrirait l'état d'esprit de son personnage dans sa prochaine scène. Selon les spécialistes de la communication, 80 % de notre pouvoir de persuasion vient de la communication non verbale. Si, dans une méthode de préparation de la négociation comme le Nego-System, nous ne parlions pas du langage du corps, nous ne nous attacherions en fait qu'à 20 % de votre pouvoir de conviction et en laisserions 80 % dans l'inconnu. La cinquième étape de la check-list de préparation est un outil appelé le modèle comportemental. Cet outil vous aidera à décrire les comportements concrets que vous devrez adopter pendant le face-à-face pour crédibiliser les Rôles Primaires et Secondaires choisis et en faire de véritables armes de persuasion.

Pourquoi se préparer à jouer un rôle spécifique ?

La méthode du Nego-System décrit 5 stratégies très différentes les unes des autres. Elles sont, pour chaque contexte de négociation, le meilleur moyen de parvenir à vos objectifs. Toutefois, pour que la stratégie fonctionne il faut savoir la mettre en œuvre, notamment du point de vue comportemental. En effet, entrer dans le face-à-face pour jouer le loup, le renard ou le petit poisson, ce n'est pas la même chose. Si vous ne vous préparez pas à jouer un rôle spécifique, le risque est que vous vous comportiez comme vous le faites naturellement. Dans ce cas, vous ne profiteriez pas de tout ce que la situation pourrait vous apporter et vous ne seriez pas aussi convaincant que ce que vous pourriez l'être. Le comportement, les attitudes sont un formidable vecteur de persuasion pour peu que l'on sache les utiliser.

Comment se préparer à jouer un rôle efficace et convaincant ?

Jouer un rôle c'est préparer, et faire attention, à tout ce que vous allez dire (communication verbale) et tout ce que vous allez faire (communication non verbale). Prenons un exemple : vous êtes chef de projet informatique dans un grand laboratoire pharmaceutique. Une des personnes clés de votre équipe souhaite avancer son départ en vacances à une date qui tombe très mal dans la vie du projet. Vous comptez lui refuser cette faveur et vous vous placez donc dans la stratégie de la fourmi : le rapport de forces penche de votre côté car vous avez le pouvoir hiérarchique et vous êtes dans une optique défensive car, à l'inverse de votre subordonné, vous avez tout à perdre et rien à gagner dans cette négociation. Votre stratégie se décline comme suit : résister aux demandes en gardant le leadership et en allant vite. Le Rôle Secondaire pour lequel vous optez est : ferme, froid, centré sur la réussite du projet uniquement. La question qui se pose à vous est la suivante : Comment faire passer cette fermeté, cette froideur et cette orientation projet de sorte que mon interlocuteur comprenne et ressente ma détermination à résister et donc à lui refuser la faveur qu'il me demande ? Nous parlons ici de comprendre et de ressentir car, souvenez-vous, 80 % de votre pouvoir de persuasion passe par le non-verbal, on est donc bien plus dans la sphère du ressenti que dans celle du compris. Que pouvez-vous changer à votre communication, à votre façon d'être pour cela ? Sur quoi pouvez-vous jouer ?

Tout d'abord sur les mots (communication verbale, 20 % de l'efficacité). Les mots qui expriment la résistance, le refus, la fermeté et la froideur sont, par exemple : « non… je ne peux pas accepter… votre situation personnelle compte moins que le projet… c'est exclu… » Il vous faudra aussi parler du projet pour montrer à quel point vous êtes attaché à sa réussite : « cela mettrait en péril la bonne marche du projet… cela désorganiserait l'équipe à un moment clé… ».

Vous pouvez aussi jouer sur votre comportement (communication non verbale, 80 % de l'efficacité). Les comportements qui marquent la résistance, le refus et la froideur sont : assis le buste droit et en retrait, les bras croisés, le regard distant, les sourcils froncés, la voix calme et monocorde, les mots martelés…

Bien entendu chaque lecteur de cet ouvrage a sa propre manière de se montrer froid et ferme dans le refus. Il en va de même pour chacune des stratégies et chacun des Rôles Primaires et Secondaires que l'on peut imaginer. Mon propos n'est pas de vous imposer un comportement unique pour chaque rôle à jouer. Au contraire, c'est bien à vous de choisir la manière avec laquelle vous voulez crédibiliser votre attitude. Un des objectifs de ce chapitre est de vous montrer comment faire à travers un outil performant, quel que soit le rôle choisi.

Travailler sur le comportement c'est travailler sur votre image, sur ce que votre interlocuteur percevra et ressentira en vous regardant. Dans notre exemple, le chef de projet informatique travaille sur sa posture :

buste droit et en arrière, les bras (croisés) ; sur son regard (distant) et sur sa voix (calme et monocorde). D'autres facteurs auraient pu aussi être envisagés, comme le fait de se lever ou de hausser le ton par exemple. Concrètement, le tableau suivant vous donne la liste des points qui composent la communication non verbale et sur lesquels vous pouvez jouer. Chacun d'eux peut vous être utile pour crédibiliser vos rôles et améliorer votre pouvoir de persuasion.

Tout ce sur quoi vous pouvez jouer pour modifier votre image et donc la perception que votre interlocuteur a de votre comportement et de vos rôles Primaire et Secondaire

La voix	**Le visage**	**Le tête**
Ton,	Mimiques,	Port de tête,
Volume,	Moues,	Inclinaison,
Rythme,	Sourire,	Mouveménts...
	Regard...	

La gestuelle	**La posture**	**Les jambes**
Fréquence,	Debout / assis,	Position,
Vitesse,	Déplacements,	Mouvements...
Amplitude...	Position du buste, épaules,	
	Orientation...	

Langage des mains	**La tenue vestimentaire**	**Occupation de l'espace**
Signes,	Vêtements (coupes, couleurs,	Distance à l'interlocuteur,
Gestes parasites,	motifs, textures),	Amplitude des gestes,
Appui du verbal,	Accessoires,	Déplacements...
Poignée de mains...	Coiffure,	
	Maquillage,	
	Parfum...	

Démarche, Rythme de vie	**Utilisation d'accessoires**	**Ponctualité**
Vitesse de déplacement,	Ecran, paper–board, slides,	Avance / retard,
Rythme respiratoire...	Plaquettes,	aux rendez-vous,
	Documents,	Temps d'attente de
	Outils,	l'interlocuteur...
	Schémas, maquettes...	

Notez bien que tous ces points ne sont pas à utiliser dans leur intégralité. Choisissez-en deux ou trois qui vous paraissent les plus importants au regard du rôle que vous voulez jouer. Plus votre modèle comportemental est succinct et synthétique, plus il sera facile à utiliser.

Comment remplir l'étape 5 de la check-list ?

Notez votre Rôle Primaire (leader, partenaire ou suiveur) et votre Rôle Secondaire, sous forme d'adjectifs qualificatifs ou assimilé (trois maximum). Faites la liste des mots et expressions qui vous paraissent importants pour bien jouer ce rôle que vous avez composé. Notez-les sous forme de quelques mots clés. Ne faites pas de phrases, le modèle comportemental est un outil. C'est-à-dire qu'il est destiné à vous aider pendant le face-à-face. Pour cela, vous devez être capable de le lire en quelques secondes, en temps réel, pendant la négociation.

Enfin, notez les trois ou quatre points de communication non verbale sur lesquels vous devez être très vigilant. Pendant le face-à-face, relisez votre modèle de temps en temps et demandez-vous : Est-ce que je ressemble à ce à quoi j'avais prévu de ressembler ? Est-ce que je renvoie la bonne image ? Est-ce que mon comportement va de pair avec le rôle choisi, avec ma stratégie ? Si vous répondez par l'affirmative, tout va bien, continuez. Dans le cas contraire, concentrez-vous sur ce que vous aviez prévu de dire et de faire pour corriger le tir. Le modèle comportemental est l'assurance de garder le comportement le plus approprié, le plus stratégique, tout au long de l'entretien et ainsi de profiter pleinement de votre pouvoir de persuasion.

Sur le bureau de l'expert
Le concept de congruence

Le concept de congruence est indissociable de celui de pouvoir de persuasion. La congruence, c'est l'adéquation entre langage verbal et langage non verbal. Son contraire est l'incongruence. Dans ce cas, le corps montre l'inverse de ce qui est dit par les mots et l'on perd en crédibilité et en pouvoir de conviction. Nous disposons tous d'une faculté naturelle à la congruence. En effet, notre langage non verbal suit généralement ce que nous disons.

Toutefois, dans certaines situations, l'incongruence peut s'installer. Il s'agit particulièrement des situations de fatigue, de stress ou des situations dans lesquelles nous sommes en désaccord avec ce que nous disons comme par exemple lorsque nous mentons ou lorsque nous devons composer un rôle. La négociation est donc propice à la survenance de l'incongruence. Lorsque vous êtes dans cette situation, vous contrôlez moins bien votre communication non verbale que votre discours. Votre interlocuteur entend un message et en voit un autre. Dans ce cas, il ne pourra qu'émettre des doutes sur ce qu'il entend. Vous perdez en crédibilité et il devient impossible de convaincre.

La négociation efficace vous impose d'être et de rester congruents tout au long du face-à-face. C'est exactement ce à quoi sert le modèle comportemental de l'étape 5 de la check-list. En préparant la communication non verbale aussi bien que la communication verbale, vous vous garantissez la congruence et donc votre pouvoir de persuasion.

Les bons comportements du négociateur

De nombreux formateurs et ouvrages parlent des comportements « positifs » de négociation. Ce sont les comportements qu'ils conseillent d'adopter. À l'inverse, ils dressent une liste des comportements « négatifs », improductifs. On peut citer comme exemple de ces comportements proscrits par ces auteurs l'agressivité, le manque d'écoute, la fermeture...

Pour moi, il n'existe ni comportements positifs, ni comportements négatifs. Je veux dire par là qu'il n'existe pas de comportements qui soient toujours positifs ou toujours négatifs. Parfois, il peut être efficace de se montrer agressif. Parfois, faire croire que l'on n'écoute pas pour montrer du désintérêt ou de la distance peut être payant. Plutôt que de parler de comportements positifs ou négatifs, je préfère parler de comportements stratégiques ou non stratégiques. Être agressif lorsqu'on est dans la stratégie du renard ou se montrer sympathique et avenant dans la stratégie de la fourmi sont des comportements à proscrire, car ils vont à l'encontre des objectifs de la stratégie choisie.

Pour chaque stratégie il y a des comportements adaptés, stratégiques et des comportements inadaptés, non stratégiques. Un comportement donné est à la fois bon ou mauvais en fonction de l'objectif recherché. Les « bons » comportements ne peuvent pas être déterminés une fois pour toutes, il faut les lire à la lumière de la stratégie mise en place.

Chapitre 6

Un outil pour gérer le face-à-face : les curseurs de votre négociation

Dans ce chapitre vous apprendrez à :
- ✔ *construire l'outil principal de la négociation ;*
- ✔ *vous en servir en temps réel pendant le face-à-face.*

Quelle que soit la stratégie choisie, votre objectif en tant que négociateur peut se résumer en un seul mot : **gagner.** Faire peu, voire pas, de concessions et obtenir le maximum de votre interlocuteur. Pour cela il vous faut choisir avec soin les solutions que vous allez proposer ainsi que les contreparties que vous allez exiger. Chaque geste fait en faveur de votre opposant représente un coût et ce que vous obtenez en échange sont vos recettes. Ajuster ces paramètres en temps réel, sous pression, pendant le face-à-face est très difficile et particulièrement risqué. Pour vous aider à gagner en performance, nous vous proposons un outil d'une efficacité telle que tous les négociateurs à qui nous l'avons enseigné ne peuvent plus s'en passer : les curseurs de la négociation.

Les curseurs de la négociation sont utiles pendant le face-à-face

Comme le modèle comportemental, ils se préparent pendant la phase amont, font partie de la check-list mais servent en temps réel pendant l'entretien. Il est important que vous les remplissiez avec soin car vous les aurez avec vous, devant vous, lorsque vous négocierez.

Les curseurs de la négociation servent à :

- savoir, à tout moment de l'entretien, si votre négociation est sur de bons rails ;
- savoir, pour chaque sujet de votre négociation, d'où vous devez partir et jusqu'où vous pouvez aller ;
- mesurer le coût réel de chaque concession que vous pourriez faire et les risques associés ;
- savoir quelle contrepartie demander à votre vis-à-vis, au mieux de vos intérêts ;
- proposer et gérer différents scénarios de négociation tout en réduisant à néant votre risque d'erreur.

D'abord, nous allons voir comment construire cet outil ultra efficace. Puis, nous vous apprendrons à l'utiliser de manière optimale pendant le face-à-face.

Construisez vos curseurs de négociation

Définissez vos champs de négociation

Vous l'avez remarqué en étudiant la check-list, les curseurs de négociation se présentent sous forme d'un tableau à remplir.

Remplissez la première ligne, là où il y a les cadres, avec vos champs de négociation. Vous devez être exhaustif. Plus vous créez de colonnes dans votre tableau, moins vous risquez de vous faire surprendre sur un sujet sur lequel vous n'êtes pas préparé.

> **Définition**
> *Sujet qui pourrait être abordé pendant le face-à-face. Les champs de négociation couvrent l'ensemble des objectifs offensifs et défensifs de toutes les parties en présence.*

Prenons un exemple. Vous êtes commercial dans une entreprise qui commercialise des sacs plastiques biodégradables pour les enseignes de grande distribution. Vous préparez votre négociation annuelle avec l'acheteur des hypermarchés Bonprix.

Pour l'année en cours, votre contrat porte sur 600 millions de sacs, d'une épaisseur de 0,01 mm. Le prix unitaire est fixé à 0,01 €. Le contrat stipule un paiement à 90 jours, fin de mois mais Bonprix ne respecte jamais cette clause et vous paye entre 120 et 150 jours. Vous livrez l'enseigne sur ses trois entrepôts régionaux. L'acheteur vous a fait savoir qu'il souhaiterait que vous livriez chaque hypermarché séparément.

Pour cette négociation, voici les champs que vous avez identifiés : prix des sacs, quantités vendues, qualité des sacs, nombre de points de livraison et délai effectif de paiement.

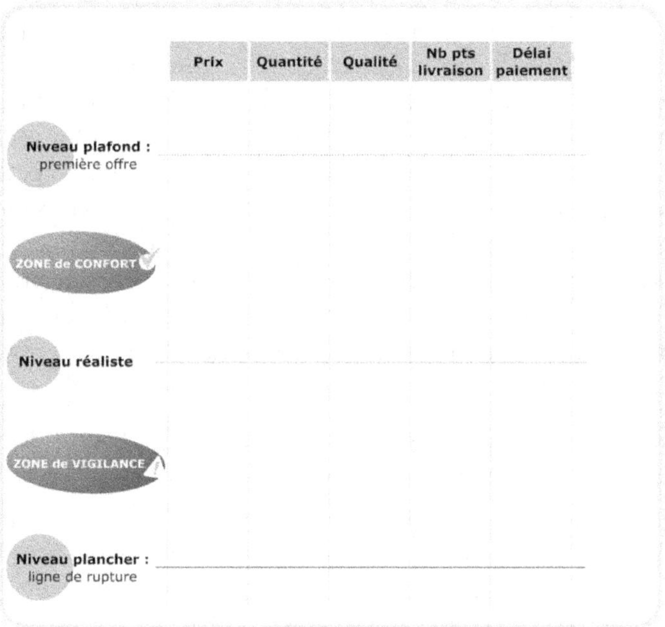

Fixez vos marges de négociation

Pour chaque champ, définissez vos trois niveaux d'objectif :

* niveau plafond ;

* niveau réaliste ;

* niveau plancher.

Ce travail a normalement déjà été fait à l'étape 1 de la check-list.

Retournons à notre exemple. Aujourd'hui, votre prix unitaire est de 0,01 €. Ce prix vous assure une marge minimale que vous souhaitez améliorer mais vous savez que jamais l'acheteur n'acceptera une augmentation de prix. Cependant, il vous a déjà attaqué sur la résistance de vos sacs et vous voyez là une opportunité de lui vendre des sacs plus résistants (plus épais), certes plus chers mais qui offrent une meilleure qualité de service aux clients. Vous pensez pouvoir les vendre 10 % plus cher alors qu'ils ne vous coûtent que 5 % supplémentaires en frais de fabrication, ce qui augmenterait considérablement votre marge. Si l'acheteur de Bonprix ne veut pas de vos nouveaux sacs, vous pensez que vous ne pourrez pas lui refuser une baisse de prix de 2 % correspondant à la productivité technique à laquelle vous vous étiez engagé l'an dernier. Au pire, vous êtes prêt à accepter une baisse de 3 % du prix de vente. Dans ce cas, il faudrait que Bonprix puisse vous donner des garanties en termes de respect des délais de paiement ou encore vous autorise à n'effectuer qu'une seule livraison, à la centrale qui livrera elle-même les entrepôts ou les magasins.

Vous décidez donc d'inscrire, dans la colonne « Prix » de vos curseurs les données suivantes :

* prix plafond : 0,01 € + 10 % = 0,011 €

* prix réaliste : 0,01 € – 2 % = 0,0098 €

* prix plancher : 0,01 € – 3 % = 0,0097 €

Pour ce qui est des quantités, vous savez que les 600 millions de sacs ne correspondent qu'à 70 % des besoins de Bonprix. Les 30 % restants étant achetés chez votre principal concurrent. Votre objectif est de signer un contrat pour l'intégralité des besoins de Bonprix. En tout état de cause, vous avez besoin de cette référence dans votre portefeuille de clients et vous êtes prêt, s'il le faut, à voir vos quantités baisser chez Bonprix plutôt que de vous faire déréférencer.

Vous décidez d'inscrire, dans la colonne « quantité » de vos curseurs les données suivantes :

- quantité plafond : 860 millions
- quantité réaliste : 600 millions
- quantité plancher : 0

Pour quantifier facilement la qualité de vos sacs plastiques vous décider d'adopter le critère de leur épaisseur. Les sacs que vous vendez actuellement ont une épaisseur de 0,01 mm. L'acheteur vous a déjà reproché leur manque de robustesse. Vous comptez lui proposer des sacs de 0,02 mm issus d'un nouveau procédé de fabrication.

Vous décidez d'inscrire, dans la colonne « qualité » de vos curseurs les données suivantes :

- épaisseur plafond : 0,02 mm
- épaisseur réaliste : 0,01 mm
- épaisseur plancher : 0,01 mm

NB : ici, les données « réaliste » et « plancher » sont les mêmes puisqu'on n'imagine pas que vous vendiez des sacs encore moins résistants.

Vous procédez de même pour les autres champs, ce qui vous donne le tableau suivant :

	Prix	Quantité	Qualité	Nb pts livraison	Délai paiement
Niveau plafond : première offre	0,011	860 M	0,02 mm	1	60j
ZONE de CONFORT					
Niveau réaliste	0,0098	600 M	0,01 mm	3	90j
ZONE de VIGILANCE					
Niveau plancher : ligne de rupture	0,0097	0	0,01 mm	120 hyper-marchés	120j

La particularité de ce tableau est qu'on n'y écrit pas dans les cases mais sur les lignes. En effet, l'objectif est de définir des marges de négociation qui se trouvent entre deux niveaux d'objectif.

Vos curseurs de la négociation sont maintenant prêts à être utilisés pendant le face-à-face. Voyons comment faire.

Utilisez vos curseurs en temps réel

Votre tableau vous donne vos points de départ et vos limites

Quel que soit le champ de négociation considéré, vous connaissez, grâce au tableau, l'offre par laquelle vous devez commencer. De même, pour chaque sujet vous savez quelle est la ligne de rupture.

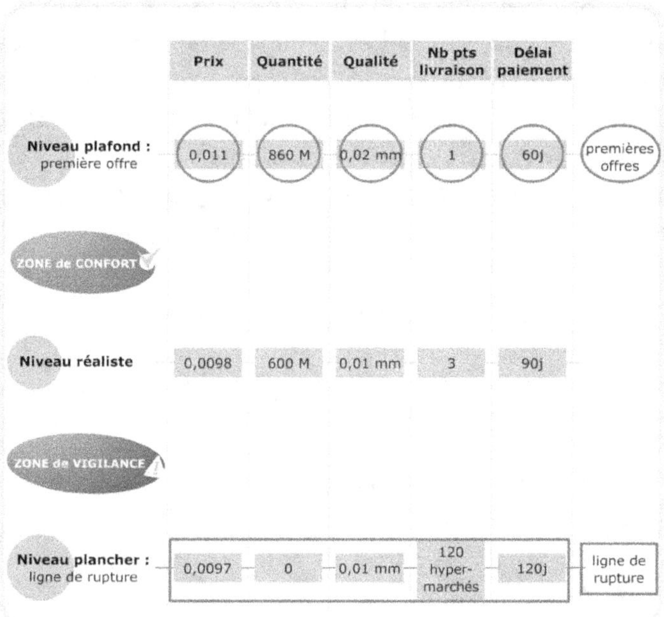

Dans notre exemple, l'acheteur souhaite commencer la discussion par les prix ? Qu'à cela ne tienne, vous savez que votre première offre sur ce champ particulier doit être de 0,011 € et qu'en tout état de cause, vous ne pouvez descendre en dessous de 0,0097 €. Il vous attaque sur la qualité ? Vous lui répondez qu'il doit acheter des sacs d'une épaisseur de 0,02 mm…

Pendant le face-à-face, faites jouer les curseurs !

Lors d'une négociation le plus difficile est de gérer la phase d'échange entre les concessions et les contreparties : savoir quoi proposer, dans quelle limite, maîtriser le coût des concessions et demander assez en retour… Les curseurs de la négociation ont été créés pour vous aider dans cette phase. Imaginez que sur chacune des colonnes de votre tableau il y a un curseur. Si, pendant l'entretien, un des curseurs descend c'est-à-dire s'éloigne de votre objectif idéal et s'approche de votre ligne de rupture, compensez cette perte en en faisant monter un ou plusieurs autres. Conditionnez toujours une concession (curseur qui descend) à l'obtention d'une contrepartie (curseur qui monte). Nous verrons dans la deuxième partie de ce livre que vous devez toujours vous montrer ambitieux et demander plus que ce que vous offrez, afin de créer de la valeur pour vous. Cela se traduit dans votre tableau par l'obtention d'une montée de curseur plus grande que la baisse proposée sur un autre champ.

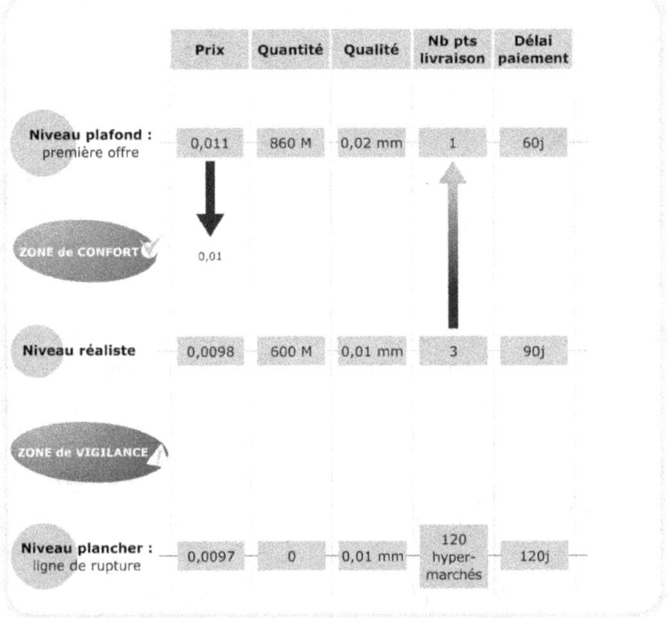

Dans notre exemple, si, au cours de la discussion, l'acheteur Bonprix propose un nouveau prix de 0,01 €, le commercial lui répond qu'à ce prix-là il ne peut livrer qu'en un seul point et non plus en 3 entrepôts régionaux comme avant. Si la discussion porte sur les conditions de paiement que le commercial souhaite améliorer, ce dernier sera peut-être amené à concéder sur les prix ou sur le volume.

Pour savoir où vous en êtes, utilisez la lecture graphique

À chaque fois que l'une des parties fait une proposition, notez-la dans votre tableau en pointant la hauteur proposée pour chaque champ de négociation. En reliant ces points entre eux vous obtenez un graphe qui vous renseigne instantanément sur votre performance actuelle. Plutôt en dessous du niveau réaliste, vous devez mettre la pression pour obtenir mieux. Plutôt au-dessus, vous devez chercher à conclure. Si un des points se situe sous la ligne de rupture, vous devez refuser cette proposition et en faire une autre en faisant jouer les curseurs.

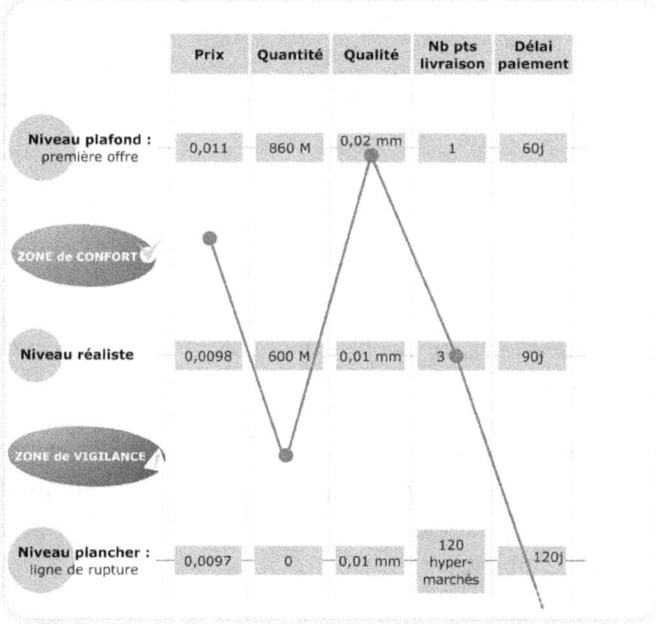

L'un des points est en dessous de la ligne de rupture. Vous devez donc faire une contre-proposition. Pour savoir laquelle : relevez le curseur le plus bas et baissez le curseur le plus haut. Pensez à toujours relevez plus que ce que vous ne baissez.

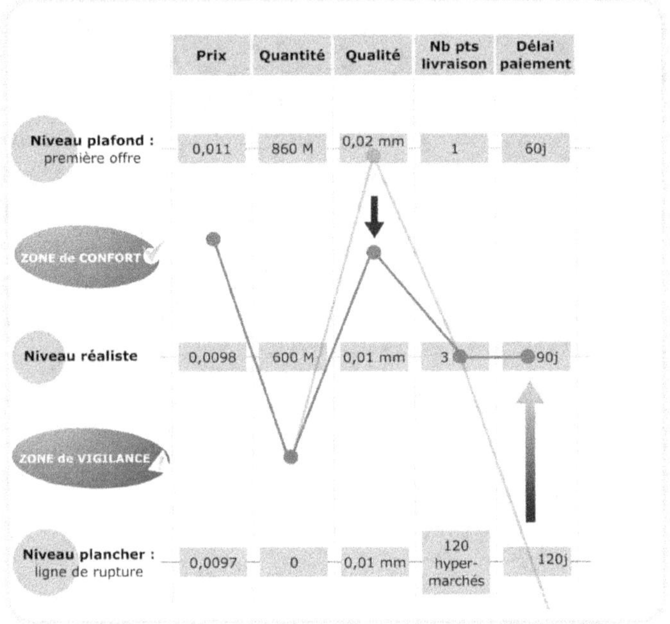

Pour savoir quelles propositions faire, élaborez des scénarios de négociation

Nous l'avons vu : une concession demande une contrepartie. Un curseur qui descend doit être compensé par un curseur qui monte. La question qui reste en suspens est de savoir lesquels faire varier et dans quelles proportions ?

Le tableau que nous vous avons proposé de remplir permet de répondre à cette question en amont du face-à-face. En identifiant les liens qui existent entre deux colonnes, en les quantifiant et en formalisant des propositions qui incluent plusieurs champs, vous obtiendrez des scénarios de négociation.

Dans notre exemple, voici quelques scénarios possibles :

- « je n'accepterai de livrer les hypermarchés un à un que si j'obtiens une hausse du prix d'au moins 8 % » ;
- « tant que l'acheteur ne me garantit pas un paiement à 90 jours, je ne concède rien sur les livraisons » ;
- « je suis prêt à baisser mes prix de 3 % contre une augmentation des volumes de 20 % » ;
- « je ne peux pas accepter une réduction des volumes supérieure à 15 % si j'accepte en même temps de livrer plus de 3 entrepôts ».

Plus vos scénarios seront nombreux, moins vous risquez de vous faire surprendre. Plus ils seront quantifiés, moins vous passerez de temps à faire des calculs et à risquer de vous tromper pendant la négociation.

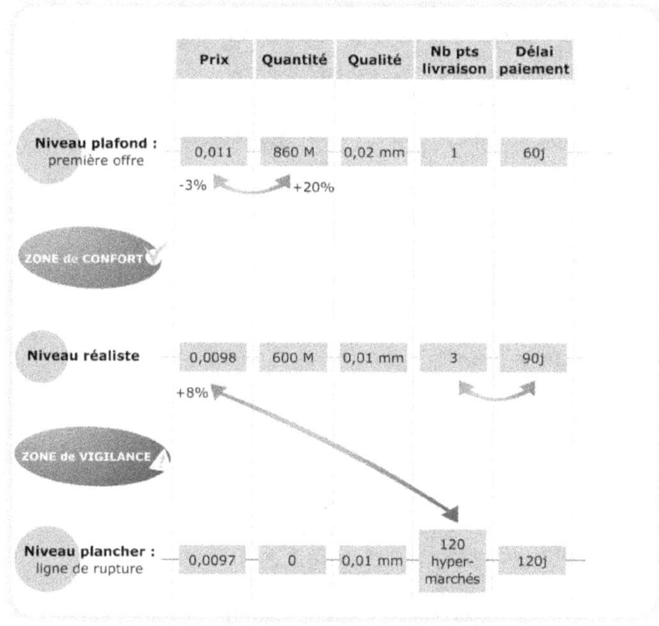

Fiche pratique
Les curseurs de négociation

1. *Un outil permet de gérer au mieux de vos intérêts la phase de concession et contrepartie, il s'agit des « curseurs de la négociation ».*

2. *Définissez vos champs de négociation en étant exhaustif.*

3. *Pour chaque champ, définissez votre point de départ (première offre), votre objectif réaliste, votre ligne de rupture, votre zone de vigilance et votre zone de confort. Pour cela fixez les trois niveaux d'objectif pour chaque champ.*

4. *Premier niveau de lecture : le tableau vous donne, pour tous les champs de négociation, l'offre par laquelle vous devez commencer.*

5. *Deuxième niveau de lecture : pendant l'entretien faites jouer les curseurs pour ajuster vos offres et vos contre-propositions au mieux de vos intérêts.*

6. *Troisième niveau de lecture : la lecture graphique est un bon indicateur de votre performance en temps réel.*

7. *Servez-vous des curseurs pour établir des scénarios de négociation.*

8. *Vos scénarios doivent être les plus nombreux possible et parfaitement quantifiés.*

Pourquoi les négociateurs utilisent les curseurs et la check-list ?

L'utilisation des curseurs de négociation simplifie les phases difficiles du face-à-face, et réduit votre risque d'erreur. En ayant votre tableau et vos scénarios de négociation sous les yeux, vous savez exactement que proposer à votre interlocuteur et comment répondre à ses avances. Vous augmentez votre réactivité et votre professionnalisme.

Remplir une check-list avant une négociation importante apporte de nombreux bénéfices :

- vous éclaircissez votre situation de départ en vous posant les bonnes questions au bon moment ;
- vous formalisez les réponses dans un document unique et simple d'utilisation ;
- vous prenez des décisions qui vont structurer votre entretien et augmenter vos gains ou diminuer vos pertes ;
- vous construisez les outils qui vous font gagner en pouvoir de persuasion, en réactivité et en professionnalisme.

Maintenant que vous vous êtes préparé à négocier, Il vous reste à mener votre face-à-face de manière à atteindre vos objectifs. La partie suivante vous donne, pour chaque phase de l'entretien, les meilleures pratiques des professionnels de la négociation.

Partie 2

Comment mener le face-à-face ?

Garder le contrôle de l'entretien
Connaître les Règles d'Or de la négociation
Anticiper les pièges

Tous les entretiens de négociation sont différents. Le contexte, mais aussi la stratégie choisie et les personnes, sont à la racine de cette diversité. Toutefois, il existe une structure type d'un face-à-face de négociation. Ce sont principalement des étapes par lesquelles il faut passer pour que l'entretien soit cohérent et pertinent. Respecter ces phases, et surtout l'ordre dans lequel elles doivent être passées, permet de se reposer sur une structure qui a fait ses preuves et de ne se concentrer que sur l'essentiel, c'est-à-dire sur ce que vous devez faire pour atteindre vos objectifs.

Dans la structure du face-à-face que je vous propose, il y a cinq étapes :

1. premier contact ;

2. annonce des objectifs ;

3. recherche des objectifs réels ;
4. concessions/contreparties et argumentation ;
5. conclusion de l'accord.

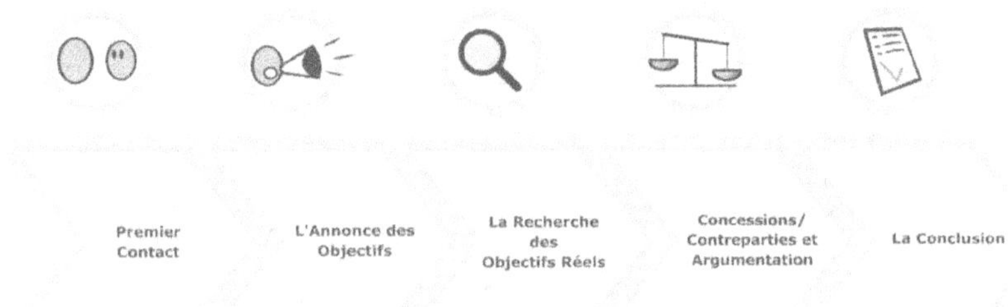

Pour vous simplifier la tâche, nous allons étudier ces cinq phases séparément. Pour chacune d'elles j'utiliserai un plan identique :

- vos objectifs et enjeux pour ce moment du face-à-face ;
- les Règles d'Or de la négociation à appliquer ;
- les pièges à éviter.

Ce que j'appelle les Règles d'Or de la négociation, ce sont des pratiques faciles à adopter que mes collègues et moi avons observées et synthétisées lors de nos missions de conseil et de formation en entreprise. Elles correspondent à ce que font concrètement les meilleurs négociateurs que nous avons rencontrés dans les entreprises les plus performantes de différents secteurs.

Je les ai organisées par phase de l'entretien, de sorte qu'en les respectant toutes, vous puissiez faire croître votre pouvoir de négociation tout au long du face-à-face jusqu'à son point culminant qui est la conclusion d'un accord qui vous donne satisfaction.

Sur le bureau de l'expert
Liens entre entretien de vente et entretien de négociation

Ceux qui travaillent dans le secteur commercial connaissent bien la structure type de l'entretien de vente. Ils auront noté que les étapes que nous proposons sont sensiblement différentes. Cela tient au fait qu'une négociation n'est pas une vente. Dans certains cas, une négociation vient conclure un entretien commercial, dans d'autres, cela n'a rien à voir.

Pour être synthétique, nous pouvons dire qu'entre les deux types de face-à-face, il y a une différence et une ressemblance majeures. La différence tient au fait, qu'en vente, on annonce le prix tard dans l'entretien, après avoir fait une proposition en termes de produit ou service et après l'avoir argumentée ; alors qu'en négociation on annonce ses objectifs, y compris financiers, très tôt. La ressemblance se situe au niveau de la découverte. De même qu'en vente on va tenter d'identifier les besoins de l'interlocuteur avant de lui faire une proposition, en négociation on va rechercher les motivations profondes, les objectifs réels de l'autre partie avant de lui proposer un échange concession-contrepartie.

Chapitre 7

Le Premier Contact pour mettre la négociation sur de bons rails

Dans ce chapitre vous apprendrez à :

- ✔ *jouer avec votre image de la manière qui sert le mieux vos intérêts ;*
- ✔ *recueillir les informations essentielles sur l'état d'esprit de votre interlocuteur ;*
- ✔ *faire jouer en votre faveur l'effet de halo positif ;*
- ✔ *profiter du principe de soumission à l'autorité.*

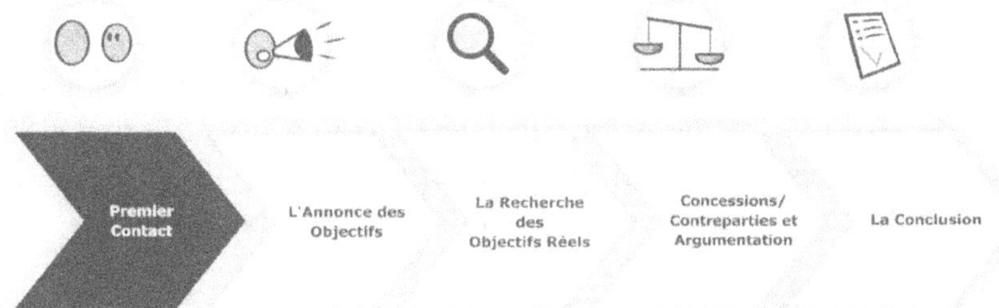

La phase de Premier Contact ce sont les toutes premières minutes du face-à-face. L'Initiative a déjà été prise par l'une des deux parties et le rendez-vous fixé. Un des négociateurs reçoit l'autre dans son bureau ou vient le chercher à l'accueil, le retrouve devant un restaurant ou dans les salons d'un hôtel… On parle de Premier Contact même si les deux parties se connaissent déjà, voire négocient ensemble fréquemment.

Vos objectifs et enjeux

Créer un climat favorable à la négociation

La négociation suppose que les deux parties aient envie d'aboutir à un résultat. Plus tôt vous rassurerez votre interlocuteur sur vos bonnes dispositions, mieux ce sera.

Installer votre Rôle Primaire et votre Rôle Secondaire

Les rôles que vous jouez sont le reflet de toute votre stratégie. En vous observant et en vous écoutant, votre interlocuteur va se faire une idée sur votre détermination, votre état d'esprit et la manière dont vous allez mener l'entretien. Plus l'image que vous renverrez sera conforme à votre stratégie, plus vous gagnerez en pouvoir de persuasion. Les toutes premières secondes de l'entretien sont donc cruciales. Si vous ne vous installez pas dans votre jeu d'acteur dès le début, comment y venir en cours de négociation ?

Recueillir de l'information sur l'état d'esprit de votre interlocuteur

Qu'il soit stressé ou détendu, impliqué ou distant, humble ou arrogant… sont autant d'informations sur votre vis-à-vis qui vous seront utiles lors des autres phases de la négociation ; le tout début de la rencontre étant un moment privilégié pour se faire une bonne idée de l'état psychologique avec lequel il entre dans la bataille.

Les Règles d'Or

Règle d'Or N° 1 : Jouez votre Rôle Primaire et votre Rôle Secondaire le plus tôt possible

On peut même dire que commencer à jouer un rôle dès le début de l'entretien c'est déjà trop tard. Comme les acteurs professionnels qui ont besoin de temps pour rentrer dans la peau d'un personnage, vous devez vous préparer à jouer, par exemple, l'agressivité, la naïveté ou la distance bien avant le début de la négociation.

Vous entendrez souvent dire qu'en négociation il faut faire bonne impression et ce, dès le début du face-à-face. On vous dira même « On a jamais deux fois l'occasion de faire une bonne première impression ». C'est vrai mais il faut toutefois s'accorder sur ce que l'on entend par « bonne impression ». Ce n'est pas obligatoirement se montrer sympathique, souriant, professionnel ou encore sérieux. Ce que vous voudrez montrer à votre vis-à-vis dépendra de votre stratégie et des Rôles Primaires et Secondaires choisis. Faire bonne impression, c'est avant tout installer le comportement que vous avez choisi, celui qui est stratégique, quel qu'il soit.

Règle d'Or N° 2 : Montrez clairement dans quel état d'esprit vous vous trouvez

Au-delà de votre rôle qui dicte vos comportements visibles, l'état d'esprit est une réalité moins facile à appréhender. Nous verrons dans la troisième partie de cet ouvrage l'importance des aspects psychologiques de la négociation. Ils sont fondamentaux lorsque l'on parle de rapport de forces, de confiance, d'autorité, de leadership, de persuasion, d'influence…

Or, c'est dans les tout premiers instants de la relation que chaque négociateur va prendre la mesure de la force psychologique de son interlocuteur. Pour cela, il observera chez lui le regard, la moindre des attitudes, les mots choisis, les silences… Vous-même serez la cible de cette attention particulière et devez vous y préparer. Votre adversaire de négociation tentera de déceler la moindre de vos faiblesses. En relisant votre stratégie et votre modèle comportemental, vous identifierez facilement l'état d'esprit dans lequel il faut que vous soyez ou, plus exactement, celui dans lequel votre interlocuteur doit penser que vous êtes. Une fois de plus ce sont les apparences qui comptent. Il ne doit avoir aucun doute sur les points essentiels qui composent votre état d'esprit comme, par exemple, votre détermination, votre sérénité, votre confiance en vous ou encore la qualité de votre préparation.

Règle d'Or N° 3 : Renseignez-vous sur l'état d'esprit de votre interlocuteur

Nous avons insisté dans la première partie de l'ouvrage, portant sur la préparation, sur les aspects stratégiques de la négociation. Lorsque le face-à-face commence, il faut les compléter par toutes les composantes d'ordre personnel. La négociation est avant tout une affaire de personnes, de femmes et d'hommes qui doivent, de concert, trouver une solution à un problème commun. La psychologie profonde de la personne assise en face de vous jouera un grand rôle dans votre propre capacité à la convaincre. C'est ce que nous verrons principalement dans la prochaine partie. Mais avant de s'intéresser à cet aspect de la personnalité de votre vis-à-vis, il vous faut recueillir autant de renseignements que possible sur son état d'esprit du moment.

On peut, par exemple, envisager que votre interlocuteur soit fatigué, stressé par les enjeux de cette rencontre, en colère contre vous, déçu par votre comportement ou, au contraire, particulièrement joyeux et envieux de saisir une opportunité… Tous ces exemples ne sont pas équivalents car, selon le cas, vous devrez largement adapter votre stratégie et votre comportement à ce que vous avez observé. Plus tôt vous réaliserez cette observation, plus tôt vous pourrez vous adapter et gagner en force de persuasion. Évidemment, dans bien des cas, votre adversaire tentera de masquer ses faiblesses et de mettre en avant ses forces psychologiques.

Pour amener votre interlocuteur à dévoiler son état d'esprit du moment, il vous faudra procéder à un questionnement subtil. C'est ce qu'on appelle lancer un message-sonde. Il prend généralement la forme d'une question qui a la particularité suivante : la réponse que fera l'interlocuteur ne vous intéresse pas, c'est la manière avec laquelle il répond que vous allez analyser. Le ton de la voix et son rythme, le regard, le sourire, l'attitude générale, le stress sont autant de composantes de la réponse qui vous donneront de précieuses indications sur l'état d'esprit de la personne à qui le message-sonde s'adresse. La réponse, en tant que telle, est moins intéressante car il est toujours plus facile de choisir ses mots que de masquer ses émotions. Une fois de plus, la forme passe avant le fond !

La méthode consiste à procéder « en entonnoir » du plus général au plus particulier. Commencez par interroger votre interlocuteur sur des banalités. Plus les questions seront banales, moins elles éveilleront de suspicion et plus il baissera la garde. Voici quelques exemples :

La méthode de « l'entonnoir »

- *Comment allez-vous ?*
- *Avez-vous trouvé nos locaux facilement ?*
- *Avez-vous pu vous garer facilement ? Vous avez vu, tout le quartier est en travaux !*

Puis resserrez peu à peu le spectre de votre questionnement, en commençant par interroger votre interlocuteur sur son sentiment vis-à-vis de la situation de négociation dans laquelle vous vous trouvez tous les deux :

- *Alors, que pensez-vous de la situation ?*
- *C'est une drôle de manière de se revoir, non ?*

- *Alors, qu'est-ce qu'on va bien pouvoir faire ensemble ?*

Enfin, renseignez-vous sur son état d'esprit à votre égard :

- *J'ai été vraiment ravi de vous rencontrer le mois dernier…*
- *C'est un peu étrange que ce soit à nous de régler ce problème, non ?*
- *Je crois que M. Legrand vous a déjà parlé de moi, qu'est-ce qu'il vous a dit au juste ?*

Souvenez-vous que ce ne sont pas les réponses qui vous intéressent mais la façon qu'aura votre interlocuteur de répondre. Éprouve-t-il de la gêne ou du stress ? Est-il souriant, à l'aise ? Vous regarde-t-il dans les yeux ou fuit-il votre regard ? A-t-il la voix sûre ou tremblante ? Quels sentiments transpirent de son comportement ?

Règle d'Or N° 4 : Appuyez-vous sur l'effet de halo positif

Cela peut paraître incroyable, voire immoral, mais de nombreuses expériences de psychologie sociale ont montré que si votre interlocuteur juge votre apparence agréable ou séduisante il vous attribuera *a priori*, et sans aucune justification, d'autres qualités telles que :

- la bonté ;
- l'intelligence ;
- l'honnêteté ;
- le professionnalisme.

À titre d'expérience…

Quelques exemples d'expériences menées et dont les résultats ont été confirmés montrent :

➤ *qu'un accusé, dont le physique est jugé plus agréable ou plus séduisant que celui de la victime, a moins de chance d'être condamné et que la peine moyenne infligée est moins lourde que dans le cas contraire ;*

➤ *qu'une jolie femme a plus de chance d'être secourue lorsqu'elle appelle à l'aide dans la rue qu'une autre ;*

➤ *qu'un candidat politique charmant obtient statistiquement plus de voix qu'un autre ;*

➤ *qu'un candidat à l'embauche obtient plus facilement un entretien si son CV comporte une jolie photo et obtient plus facilement un poste à compétences égales…*

Cette réalité sur le fonctionnement de l'être humain s'appelle l'effet de halo positif. Soyez charmant, on vous trouvera, de plus, bon, honnête, intelligent et professionnel ! Une autre caractéristique de ce principe est qu'il est invisible. En effet, en lisant les lignes qui précèdent vous avez probablement pensé « C'est impossible, il exagère. En tout cas, moi, je ne juge pas les gens sur leur physique… ». C'est parce que 75 % des gens environ ne savent pas qu'ils sont, comme tout le monde, soumis à la puissance de l'effet de halo positif. Dès lors, ils ne peuvent pas le reconnaître.

Comment exploiter ce principe lors de la phase de Premier Contact ? Votre physique est ce qu'il est et loin de moi la volonté de vous conseiller de consulter un chirurgien esthétique pour améliorer votre pouvoir de séduction. Toutefois, sans penser à des solutions aussi radicales, vous devez faire tout votre possible pour que votre image serve au mieux vos intérêts. Vêtements, accessoires, maquillage, rasage, bijoux, coiffure, parfum, sourire, regard, voix, postures… sont autant d'armes de séduction que vous maniez probablement en d'autres circonstances. Sachez les adapter à vos différents interlocuteurs de négociation pour faire jouer sur eux l'effet de halo positif.

Règle d'Or N° 5 : Faites jouer le principe de Soumission à l'Autorité

Ce principe a été mis en évidence par Stanley Milgram lors d'une expérience dans laquelle un professeur, d'une université américaine très réputée, demandait à des personnes prises au hasard de tester la mémoire d'étudiants et de les punir en cas d'erreur. La punition consistait en une série de chocs électriques de puissance croissante. Évidemment, l'étudiant dont la mémoire était testée était un complice, les erreurs de mémorisation étaient feintes et les chocs électriques factices mais le cobaye, censé tester la mémoire et assister le professeur, ne se doutait en rien de la supercherie. Les résultats furent édifiants : 62,5 % des cobayes ont envoyé des chocs électriques croissants pour chaque erreur de l'étudiant jusqu'à atteindre le maximum à savoir 450 Volts ; 100 % des cobayes dépassèrent les 300 Volts.

Loin de démontrer que nous sommes tous des barbares, cette expérience repose sur des leviers bien précis :

* elle se déroule dans les laboratoires de psychologie d'une université très réputée ;

* les cobayes sont dirigés par un des plus grands pontes de cette université ;

* à chaque fois qu'un des cobayes se rebellait ou émettait des réserves sur le fait d'augmenter la punition, le protocole prévoyait que le professeur devait dire « Ne vous en faites pas, suivez les étapes de l'expérience, appuyez sur le bouton ».

Depuis, des centaines d'autres expériences dans tous les champs de la vie ont complété notre connaissance de ce principe dit de Soumission à l'Autorité.

Quels enseignements en tirer pour vos négociations ? Plus vous vous présenterez comme spécialiste du sujet en rapport avec l'entretien, plus vous disposerez d'un titre ronflant et plus vous recevrez votre interlocuteur dans un endroit faisant autorité, plus ce que vous direz sera pris pour parole d'Évangile et plus vous obtiendrez de vos interlocuteurs qu'ils fassent ou acceptent ce qu'ils ne pensaient pas être prêts à faire ou à accepter.

L'habit fait le moine

Vous venez chercher votre voiture laissée chez le garagiste pour une vidange. Ce dernier vous informe qu'il faut absolument changer la boîte de vitesses. Iriez-vous le contredire ? Et pourtant, vous n'aviez rien remarqué de défaillant dans la boîte de vitesses de cette voiture que vous conduisez tous les jours...

Votre médecin vous conseille la clinique des Flots Bleus pour votre opération du genou car là se trouve « le plus grand spécialiste de la région ». Allez-vous négocier de vous rendre plutôt dans un hôpital public mieux remboursé par votre mutuelle ou allez-vous suivre son conseil, de toute évidence, avisé ? Pourtant, pour une banale opération des ligaments croisés, comme il s'en pratique des centaines par jour, vous n'avez pas besoin du plus grand des spécialistes et pouvez avoir toute confiance en l'hôpital public...

Là encore attention à vos réponses car le principe de Soumission à l'Autorité est tout aussi invisible que l'effet de halo positif. Vous pouvez vous dire que vous n'auriez jamais infligé un choc électrique de 450 volts à quelqu'un que vous ne connaissez pas, que ce n'est pas parce que votre garagiste vous dit de faire une réparation que vous la ferez nécessairement ou encore que vous n'hésiterez pas à contredire votre médecin, mais les statistiques montrent que bien peu de gens seraient comme vous dans ce cas...

C'est la manière dont vous vous présenterez à votre interlocuteur qui déterminera si vous pourrez faire jouer en votre faveur le principe de Soumission à l'Autorité. Allez-vous présenter votre état civil, votre poste, votre fonction, votre parcours professionnel, votre entreprise, votre service ? Dans quel ordre ? Quels mots allez-vous choisir ? Quels accessoires (une carte de visite, une plaquette, une présentation vidéo…) ? Les leviers de l'Autorité sont les titres, les faits d'arme, le CV, le nom s'il est connu et tout le décorum afférent (costume, uniforme, bureau ou lieu du rendez-vous…).

> **Astuce**
> *Peu, parmi les négociateurs professionnels avec qui je travaille, prennent le temps de rédiger et d'apprendre par cœur la manière dont ils vont se présenter. C'est pourtant une excellente pratique car il est difficile de faire jouer à la fois l'effet de halo et le principe de Soumission à l'Autorité. Par ailleurs, on doit adapter notre présentation à chaque contexte de négociation et à chaque interlocuteur pour gagner en efficacité. Pensez à écrire les 3 ou 4 phrases qui vous serviront de présentation, apprenez-les et n'oubliez pas les aspects non verbaux qui comptent plus que ce que vous direz.*

Les pièges à éviter

Évidemment, tous les conseils que je vous donne sont susceptibles d'être mis à profit par votre adversaire pour son propre compte. Le début de la négociation marque un premier combat dont le vainqueur pourra imposer ses règles du jeu et prendra un ascendant psychologique. On parle de « Méta-négociation » c'est-à-dire de la négociation sur la manière dont on va négocier. Plus simplement, lors d'un face-à-face deux stratégies s'affrontent. Chacun tentera, dès le début, d'imposer la sienne. Le principal piège à éviter est donc de laisser votre interlocuteur mener la danse.

Piège N° 1 : Rentrer dans le jeu de l'autre

Dès les premiers moments de la rencontre, votre vis-à-vis essaiera de s'installer dans un rôle, une attitude. Pire, il tentera de vous y faire adhérer et d'obtenir de vous certains comportements qui lui seront favorables. Si ces comportements ne correspondent pas à ceux que vous aviez choisis, qui sont dans votre modèle comportemental et qui correspondent à votre stratégie, vous devez résister.

De même, il est peut-être dans l'intérêt de votre adversaire de chambouler l'ordre des phases de l'entretien et de vous faire, par exemple, réagir à une de ses attaques avant que vous n'ayez pu installer vos rôles Primaire et Secondaire. Emporté par l'élan et votre volonté de vous défendre, vous en oubliez votre stratégie et laissez à l'autre la maîtrise de l'entretien. Vous devez être particulièrement vigilant et résister à tout changement de la structure de l'entretien qui ne servirait pas vos intérêts.

Piège N° 2 : Commencer à argumenter avant le début de la négociation

Voici un piège très classique dans lequel tombent de très nombreux négociateurs. Pour que les échanges commencent réellement, il faut que chacune des parties ait annoncé ses objectifs. En effet, aucun professionnel chevronné ne pourra proposer de solution de négociation ou encore faire la moindre concession s'il ne sait pas dans quelle direction aller, c'est-à-dire ce qu'attend son interlocuteur. Or, lorsque l'on entre dans un face-à-face bien préparé et sûr de ses arguments, la tentation est forte de porter les coups dont on sait qu'ils feront mal. Cela rassure aussi car il serait dommage de passer à côté d'un argument de poids. Plus tôt on l'assène, moins on risque de l'oublier. Ceci est bien entendu une pratique à éviter. Ce n'est pas parce qu'un argument est puissant qu'il faut s'en débarrasser trop tôt. Au contraire, c'est en attendant le moment le plus opportun qu'il révélera toute sa puissance. Lorsque vous jouez au tarot, ce n'est pas parce que vous avez le 21 en main que vous l'abattrez au premier tour ! La phase de Premier Contact ne doit pas servir à argumenter et à faire valoir vos forces. Nous verrons que l'argumentation arrive bien plus tard dans le déroulement du face-à-face.

Piège N° 3 : Vouloir s'imposer à tout prix

C'est une fausse idée que de croire que le début de la négociation marque un combat dans lequel chacun cherchera à s'imposer par sa présence, sa fermeté et son assurance. J'entends souvent dire que pour atteindre ses objectifs il faut « prendre le taureau par les cornes », « mener l'entretien » ou encore « prendre l'ascendant sur l'interlocuteur ».

En fait, la réalité est un peu plus nuancée. Encore une fois, tout dépend de la stratégie que vous avez choisie. Si le rapport de forces penche en votre faveur, vous opterez pour une des stratégies du haut de la matrice : loup ou fourmi.

Dans ce cas, vous devez impérativement prendre le leadership de l'entretien et vous imposer en tant que meneur. Dans les stratégies du bas de la matrice, qui correspondent à un rapport de forces en faveur de l'autre partie, le Rôle Primaire qui est conseillé est celui de Suiveur. Cela tient principalement au fait que si vous êtes en bas de la matrice, votre opposant se situe, lui, dans la partie haute, là où il devra assumer le leadership.

Si vous ne tenez pas compte de ce positionnement et que vous tentez de vous imposer coûte que coûte, vous créerez une situation dans laquelle il y aura deux leaders. Un, naturel, qui s'appuie sur un rapport de forces en sa faveur et vous. Cette relation sera forcément conflictuelle et en tant que partie faible vous en pâtirez.

Piège N° 4 : En faire trop

La phase de Premier Contact est courte par nature. Elle sert à installer une atmosphère de travail et mettre la discussion sur de bons rails. Si les présentations mutuelles sont trop longues et si les messages-sonde sont trop nombreux, vous risquez de consommer un temps qui vous manquera dans la suite du face-à-face.

Par ailleurs, ralentir cette étape peut être interprété par votre interlocuteur comme une peur de négocier de votre part. Il y verra un signe de votre faiblesse et cela vous poursuivra pendant tout l'entretien. Comme l'indique le chapitre suivant, c'est un signe fort que d'être capable de passer vite et fermement à l'annonce de vos objectifs.

Enfin, en faire trop pendant la phase de Premier Contact, c'est aussi vouloir se montrer trop charmeur (effet de halo) ou trop supérieur (principe de Soumission à l'Autorité), dans ce cas, votre discours risque de sonner faux et votre crédibilité en souffrira.

Astuce

Dès le début de la négociation, sortez de quoi écrire, un cahier ou des feuilles en nombre et deux stylos de couleur différente. Préparez aussi tout ce dont vous pourriez avoir besoin : calculatrice, cartes de visite, plaquettes, documents et surtout votre check-list de préparation Nego-System.

Chapitre 8

L'Annonce des Objectifs pour savoir où l'on met les pieds

Dans ce chapitre vous apprendrez à :
✔ *amener votre interlocuteur à se dévoiler et vous donner ses prétentions ;*
✔ *défendre vos ambitions quelles que soient les positions de votre vis-à-vis.*

Une fois le Premier Contact passé, il est temps d'amener votre vis-à-vis à se dévoiler. Plus tôt vous saurez ce qu'il attend de cette négociation et quelle est sa position de départ, au mieux vous pourrez négocier. De même, pour la bonne marche de la discussion, il est essentiel que vous puissiez annoncer clairement et dès le début du face-à-face ce que vous voulez obtenir. C'est pourquoi la phase d'Annonce des Objectifs vient très tôt dans la structure de la négociation.

Vos objectifs et enjeux

Marquer le réel début de la négociation

La négociation ne peut commencer que lorsque les deux parties sont conscientes des objectifs de l'autre. En effet, pour que la phase d'échange ait lieu et que des concessions soient faites, il faut se situer dans une marge de négociation commune et déterminée.

Prenons un exemple : Un commercial annonce un prix à son client qui lui, ne communique pas son prix cible. À cette annonce, le client ne manquera pas de faire remarquer que le prix est trop élevé et que le vendeur doit faire un effort (c'est ce que les clients font toujours n'est-ce pas ?). Si ce dernier persiste à ne pas annoncer son objectif cible en termes de prix, le commercial ne peut plus faire de concession.

En effet, que se passerait-il si le vendeur baissait son prix de nouveau ? Le client dirait encore que le prix est trop fort et le commercial devrait encore baisser le sien et ainsi de suite. Dans ce cas, le commercial mettrait le doigt dans un engrenage sans fin dans lequel il céderait encore et encore sans savoir où cela le mènerait.

Pour éviter cela, le vendeur ne fera aucune concession tant que la zone de négociation ne sera pas bordée par l'objectif qu'il a annoncé (son prix), d'une part, et l'objectif annoncé par l'acheteur (son prix cible), d'autre part.

Pour aller plus loin dans le face-à-face, il faut que les deux parties aient annoncé leur plafond et que l'on puisse mesurer l'écart entre les deux points de départ. Cet écart constituera la zone de jeu dans laquelle les propositions pourront être faites et la solution trouvée.

Annoncer ce que vous voulez obtenir

Faire savoir à votre interlocuteur ce que vous attendez de lui est la meilleure manière d'atteindre vos objectifs. À l'inverse, laissez-le dans le flou et vous n'obtiendrez de lui que des propositions faites au hasard et qui n'ont que peu de chance de vous intéresser.

Prendre de l'information sur les objectifs plafonds de votre vis-à-vis

En amenant l'autre négociateur à vous donner sa première offre, vous l'amènerez en fait à vous dévoiler ses objectifs plafonds, c'est-à-dire ses prétentions maximales. En les comparant avec vos propres possibilités de concession, qui sont inscrites dans l'outil « curseurs de votre négociation », vous saurez si vous avez affaire à une situation difficile et conflictuelle ou, au contraire, si ces prétentions sont tout à fait acceptables pour vous. Plus précisément, en testant votre interlocuteur sur plusieurs champs de négociation, vous verrez apparaître ceux pour lesquels les marges de négociation semblent les plus tendues et ceux pour lesquels l'accord sera facile à trouver.

Les Règles d'Or

Règle d'Or N° 6 : Laissez parler l'autre en premier

Dès le début de cette étape de l'entretien soyez clair avec votre interlocuteur : vous ne pouvez pas commencer à négocier tant qu'il ne vous a pas clairement exprimé ce qu'il attend de cette négociation. Posez-lui la question autant de fois que nécessaire et ne cédez pas. Cette pratique offre deux avantages :

* en amenant votre vis-à-vis à se dévoiler en premier, vous vous gardez la possibilité d'avoir une bonne surprise. En effet, sa première demande vous paraîtra peut-être moins ambitieuse que ce à quoi vous vous attendiez et vous permettra d'ajuster la vôtre à la hausse.

* en engageant et en gagnant cette première joute, vous prenez un léger ascendant sur votre partenaire de négociation et lui montrez votre détermination et votre maîtrise des règles de la négociation. Ceci est toujours bon à prendre quelle que soit la stratégie dans laquelle vous vous trouvez.

Règle d'Or N° 7 : Exprimez les objectifs de manière claire et quantifiée

De même que pour votre check-list de préparation, vous ne pouvez pas vous satisfaire d'objectifs flous ou exprimés de manière subjective, vous devez demander à votre adversaire clarté et précision lorsqu'il annonce ses prétentions. Au besoin, posez-lui toutes les questions d'éclaircissement qui vous paraissent utiles afin qu'aucun doute ne subsiste quant à la véritable nature et quantification de ce qu'il recherche.

Voici quelques exemples de questions d'éclaircissement :
- que voulez-vous ?
- qu'attendez-vous de moi ?
- en quelle quantité ?
- quelles sont les unités de mesure que vous employez ?
- pour quel prix ?
- quelle monnaie utilisez-vous ?
- pour quand le voulez-vous ?
- le voulez-vous en une seule fois ?
- les délais sont-ils important pour vous ?
- sous quelle forme le voulez-vous ?
- quels sont les critères essentiels pour vous ?
- quel niveau de qualité attendez-vous ?
- comment allez-vous la mesurer ?
- comment se passera la livraison ?
- comment se passeront les paiements ?

Astuce

Lorsque vous avez réussi à faire exprimer ses objectifs par votre interlocuteur, faites-en une reformulation honnête pour vous assurer de les avoir bien compris. Surtout ne réagissez pas à cette annonce, ne commencez pas à la contredire ou à y apporter des objections. Enfin, notez ces objectifs pour vous, de manière à pouvoir les ressortir et les montrer à votre opposant au cas où il voudrait en changer en cours de négociation.

Règle d'Or N° 8 : Communiquez des objectifs conformes à ceux de votre check-list

Si votre interlocuteur vous a pris de court en vous annonçant des objectifs très ambitieux, vous pouvez être tenté de réduire l'écart de départ entre lui et vous en annonçant des objectifs moins ambitieux.

Prenons un exemple. Vous avez lu une petite annonce de quelqu'un qui vend une salle à manger type « Renaissance espagnole » et c'est justement ce que vous recherchez pour votre maison de campagne dans le Lot. Le prix n'est pas précisé car il est « à débattre ». Votre budget maximal pour cette salle à manger est de 8 000 € et vous comptez faire une première offre ambitieuse à 4 000 €. Par ailleurs, vous voulez obtenir du vendeur qu'il effectue la livraison de ces meubles et qu'il en prenne donc la responsabilité. Enfin, un paiement en plusieurs fois vous faciliterait la vie.

Lorsque vous vous rendez chez l'annonceur, vous découvrez que les pièces qui sont en vente sont d'une qualité exceptionnelle. Après vous avoir argumenté la belle facture de celles-ci, votre interlocuteur vous annonce un prix de 12 500 €. Dans ce cas, le premier réflexe est de réduire la différence entre les deux offres plafonds pour se faciliter la tâche.

Vous pourriez, par exemple, annoncer de votre côté un budget de 7 000 €. Ceci est une très mauvaise pratique. En effet, en agissant de la sorte, vous faites une première concession équivalente à 3 000 € par rapport à ce que vous aviez prévu dans votre check-list.

Or, vous êtes le seul à savoir que vous faites cet effort. Votre interlocuteur prendra vos 7 000 € pour votre objectif plafond puisque vous en faites votre première offre. Si vous faites une concession, aussi importante soit-elle (3 000 € ici) sans que votre interlocuteur ne le sache, comment pourriez-vous la valoriser et en obtenir une contrepartie (en termes de délais de paiement ou de livraison par exemple) ? En annonçant un prix différent de celui que vous avez écrit dans votre check-list vous :

- perdez 3 000 € avant même le début de la négociation ;
- abdiquez toute possibilité d'obtenir les contreparties qui vous intéressent ;
- réduisez votre marge de négociation et rendez plus difficile la discussion.

La bonne pratique, au contraire, est d'annoncer un prix conforme à celui que vous aviez fixé, 4 000 € pour notre exemple. C'est vrai que cela peut rendre la discussion plus conflictuelle. Nous verrons que, dans le fond des choses, le conflit et en tout cas le désaccord font partie de l'essence de la négociation. Mais cela participe de la défense de vos intérêts. Souvenez-vous qu'en vous montrant ambitieux vous attirez mathématiquement le résultat de la négociation vers vous.

Règle d'Or N° 9 : Annoncez vos objectifs de manière claire et quantifiée

Utilisez pour vous la même exigence que pour votre interlocuteur. Restez factuel, précis. Une fois vos objectifs annoncés clairement, notez-les de manière visible par tous. En gros, sur une feuille de papier posée au centre de la table, sur une feuille de paperboard ou au tableau si vous êtes dans une salle de réunion. Cela évitera que votre vis-à-vis vous fasse des propositions qui ne cadrent pas exactement avec ce que vous attendez. En ayant toujours vos objectifs sous les yeux votre adversaire subira une pression qui le forcera à vous aider à les atteindre.

Les pièges à éviter

Piège N° 5 : Accepter une manière d'exprimer les objectifs qui ne correspond pas à celle avec laquelle vous vous êtes préparé

Par exemple, vous avez préparé vos objectifs et vos curseurs de la négociation en parlant de prix unitaire, et votre interlocuteur veut parler en pourcentage de réduction sur le prix catalogue. Ou encore, en tant qu'acheteur, vous voulez obtenir une baisse du prix et le commercial vous répond en termes d'équivalent en exemplaires gratuits. Plus vous accepterez de rentrer dans le jeu de votre adversaire, moins les outils que vous aurez préparés seront utiles et plus vous perdrez en réactivité, en sécurité et en professionnalisme.

Piège N° 6 : Commencer à négocier sans base ou sur de fausses bases

Faire des concessions à quelqu'un qui ne s'est pas dévoilé ou dont les objectifs paraissent flous est une très mauvaise pratique. Plus vous avancerez dans la négociation, plus vous serez obligé de lâcher et plus vous ressentirez une forte pression peser sur vous sans pouvoir obtenir quoi que ce soit.

Piège N° 7 : Réagir à l'annonce d'objectifs ambitieux

Réagir négativement, montrer votre embarras ou encore contre-argumenter tout de suite à l'annonce d'objectifs adverses, particulièrement en dehors de vos marges de négociation, vous fait perdre en pouvoir de persuasion et en sens stratégique. Même si votre interlocuteur se montre trop exigeant, notez ses ambitions sans réagir. Vous aurez de nombreuses occasions lors de la suite du face-à-face pour le contrer et le ramener à des options plus raisonnables.

Piège N° 8 : Ne pas annoncer ses objectifs de peur de se dévoiler

Laisser votre interlocuteur commencer à argumenter ses positions, voire faire des concessions en gardant toutes les billes de votre côté, peut paraître une bonne idée. Et en effet pourquoi pas ? Toutefois, lorsque vous affronterez un négociateur professionnel, ou en tout cas avisé, il verra tout de suite le piège cousu de fil blanc. Il ne pourra que remettre en cause votre bonne foi et votre réelle envie de parvenir à un accord. Il s'en suivra un climat de défiance et de conflit impropre à l'atteinte de vos objectifs. Vous risquez même un blocage de la discussion.

La recherche des objectifs réels pour savoir ce que l'autre veut vraiment

Dans ce chapitre vous apprendrez à :
- ✔ *vous méfier de ce que votre interlocuteur vous dit ;*
- ✔ *travailler sur les objectifs profonds sans vous laisser berner par les objectifs apparents ;*
- ✔ *mener une stratégie de questionnement efficace pour découvrir ce que votre opposant vous cache ;*
- ✔ *résister à son propre questionnement.*

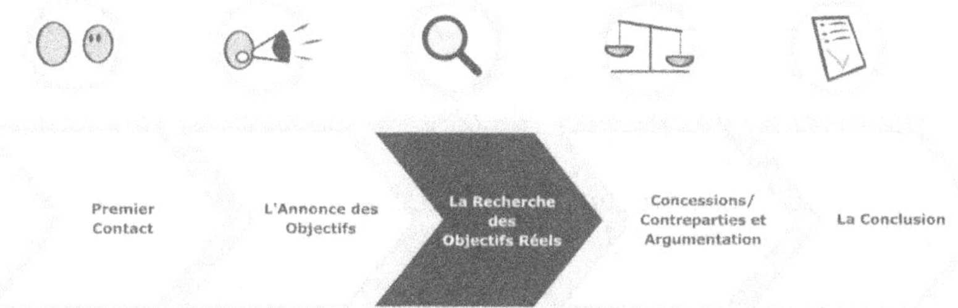

En négociation il y a très souvent une différence entre ce que les personnes disent vouloir et ce qu'elles veulent vraiment. Parfois, cette différence vient du fait que, ne voulant pas se dévoiler, elles vous trompent et annoncent des objectifs qui ne sont pas réels. D'autres fois, elles se trompent en toute bonne foi et ne savent pas exactement ce qu'elles désirent ou ne connaissent pas la manière de l'exprimer. C'est pourquoi on ne peut pas se fier aux objectifs exprimés dans la phase d'annonce des objectifs. Ils constituent une bonne première approche, essentielle, mais ne sont que trop rarement le reflet de la réalité. Pour découvrir quels enjeux réels se cachent derrière les ambitions exprimées il va falloir passer par une phase de questionnement relativement importante.

L'augmentation qui cache la voiture

L'un de mes subordonnés directs vient me demander une augmentation. En l'occurrence, il me demande une hausse de 150 euros nets. Étant donné les contraintes budgétaires de mon service, je ne souhaitais pas accéder à sa demande. Dès lors, trois options m'étaient offertes :

1. ne rien céder, refuser toute augmentation de salaire, en faisant jouer mon pouvoir hiérarchique et courir le risque de le voir partir à la concurrence, ou rester et se démotiver ;

2. accéder à sa demande et perdre 150 euros nets + 150 euros de charges sociales et patronales et courir le risque que ses collègues de même niveau hiérarchique viennent aussi réclamer une augmentation de salaire ;

3. négocier en dessous de ses prétentions. Dans ce cas, nous nous orienterions vers une solution de type perdant-perdant. Lui n'aurait pas ce qu'il voulait et je perds de l'argent, tout en prenant des risques.

Aucune option n'est vraiment satisfaisante. Il me fallait donc en savoir plus pour négocier dans les meilleures conditions. Je lui répondis donc que j'étais ouvert à la discussion, mais que, étant donné l'importance du sujet, je préférais en parler tranquillement le lendemain, dans mon bureau, lors d'un rendez-vous formel. Je le préviens, par la même occasion, que j'avais d'ores et déjà deux questions à lui poser et que je refuserais tout débat sur le sujet tant que je n'aurais pas obtenu deux réponses satisfaisantes. La première de ces interrogations était de savoir pourquoi il me demandait 150 euros nets supplémentaires par mois. Il aurait pu m'en demander 100 ou 200. Il devait y avoir une explication logique à cette somme. La seconde question concernait le timing. Je voulais savoir pourquoi il venait me demander cette augmentation aujourd'hui. Il aurait pu venir six mois plus tôt ou encore attendre six mois de plus. Il devait y avoir une raison à ce qu'il vienne précisément en ce moment.

Le lendemain, je vis bien ses réticences à répondre à ces questions. Conformément à ce que j'avais décidé (et à ma stratégie de la fourmi), je refusais d'ouvrir la discussion. Après une vingtaine de minutes de questionnement, j'avais enfin la réponse à mes interrogations. Sa femme et lui avaient décidé de changer de voiture et leur banquier leur avait dit que les mensualités de l'emprunt nécessaire à cette acquisition s'élèveraient à 150 euros par mois ! Il lui semblait logique que son patron finance sa nouvelle voiture.

À ce moment-là, nous nous rendîmes compte tous les deux que l'enjeu de la négociation n'était pas le salaire mais la voiture. Son objectif réel n'était pas de gagner plus, mais de pouvoir garer un nouveau véhicule devant chez lui.

Nous conclûmes cette négociation par l'obtention pour lui d'une voiture de fonction. Ce qui, sur le long terme, me coûtait moins cher et surtout cela était plus facile à justifier auprès de ses collègues.

En passant d'une négociation sur le salaire à une négociation sur un véhicule et la manière de le financer, j'augmente considérablement le nombre de mes options. Certaines des nouvelles options créées par ce décadrage se révèlent probablement plus en adéquation avec mes objectifs.

Vos objectifs et enjeux

Ne pas vous tromper de terrain de jeu

Faire la différence entre ce que votre interlocuteur dit vouloir et ce qu'il veut vraiment permet de négocier sur des enjeux qui lui sont réels. Ainsi, pendant la phase suivante, vous pourrez axer vos propositions autour d'opportunités réellement motivantes pour lui ou autour de menaces vraiment effrayantes. Si vous négociez sur des objectifs apparents, rien de ce que vous direz n'aura de réel impact. À l'inverse, en allant au plus profond de ses besoins vous pourrez faire les concessions qu'il valorisera le plus ou le menacer de lui prendre ce qu'il a de plus cher. De même, cette analyse fera ressortir les arguments qui auront le plus de poids et que vous pourrez utiliser à bon escient.

Faire surgir des propositions nouvelles et créatives

Plus vous avancerez dans la découverte des objectifs réels de votre opposant, plus vous prendrez la mesure de la complexité de sa situation. Cette prise de conscience vous amènera probablement à envisager les choses sous des angles différents et à penser à des solutions auxquelles vous ne pouviez pas penser avant votre phase de questionnement. Par exemple, vous partez d'une négociation salariale et vous arrivez en fin de compte à parler voiture de fonction et mode de financement.

Ne pas vous dévoiler au-delà du raisonnable

De son côté, votre interlocuteur essaiera aussi d'en savoir plus sur vos objectifs réels. C'est une bonne chose car cela vous assurera que ses propositions auront un réel intérêt pour vous. Toutefois, si son questionnement est réellement poussé, il peut vous amener à dévoiler des informations d'ordre stratégique comme des faiblesses par exemple. Un de vos buts pour cette phase de recherche des objectifs réels est de donner à votre vis-à-vis assez d'information pour négocier en toute confiance et dans de bonnes conditions, tout en gardant secrets les points que vous ne voulez pas exposer.

Les Règles d'Or

Règle d'Or N° 10 : Commencez par des questions ouvertes

Dans cette phase, votre objectif est d'amener votre interlocuteur à dévoiler ce qu'il recherche vraiment, au-delà de ce qu'il *dit* vouloir.

Les questions ouvertes offrent l'avantage de faire parler celui à qui on les pose. Voici quelques exemples :

* pourquoi avez-vous besoin d'une augmentation de salaire ?
* pourquoi la souhaitez-vous maintenant ?
* en quoi pensez-vous que je puisse vous être utile ?
* que voulez-vous dire par « mon salaire ne correspond plus à mes attentes » ?
* quelles sont vos attentes aujourd'hui ?

Règle d'Or N° 11 : Rebondissez et approfondissez par des questions semi-ouvertes

Identifiez, à chaque réponse donnée, les points qui peuvent être approfondis. Cela demande une écoute attentive et la capacité à « lire entre les lignes » de ce que votre interlocuteur vous dit. Ne laissez passer aucune imprécision. Soulevez toute tentative de dissimulation d'information. De manière générale, interrogez votre vis-à-vis sur tous les aspects qui vous permettent d'avoir une meilleure vision de ses objectifs profonds :

* Vous me dites que vous souhaitez changer de voiture, quel type de voiture voulez-vous ?
* Vous pensez la financer sur vos économies ou par un emprunt ?
* Quel taux d'intérêt votre banquier vous propose-t-il ?

Règle d'Or N° 12 : Engagez votre interlocuteur avec des questions fermées

Lorsque vous en savez suffisamment sur les objectifs réels de votre adversaire, il est temps de les lui faire formaliser de sorte qu'il soit tenu de respecter sa parole. En effet, une fois que vous aurez découvert ce que votre vis-à-vis recherche vraiment, vous allez fonder toute votre négociation sur cette donnée. Il est essentiel qu'il ne puisse pas revenir en arrière. Si vous avez découvert que la négociation tourne autour du fait d'avoir une nouvelle voiture et non plus une augmentation de salaire, si de plus cette situation est plus intéressante pour vous que celle de devoir affronter des prétentions salariales à la hausse, vous devez faire en sorte que votre interlocuteur ne revienne pas en arrière en vous disant que la voiture n'est qu'un problème secondaire, et que ce qu'il veut c'est bien une hausse de ses revenus :

- Vous me confirmez bien que l'augmentation de salaire que vous demandez a pour but premier de financer l'acquisition d'une nouvelle voiture ?

- Si je comprends bien, ce que votre femme et vous, voulez avant tout, c'est de pouvoir garer aussi vite que possible une nouvelle voiture en bas de chez vous. C'est bien ça ?

Règle d'Or N° 13 : Posez vos questions avec une stratégie bien définie

La plupart du temps, vous commencez votre négociation en sachant déjà là où vous souhaitez la terminer. Dans notre exemple, je ne sais pas que mon salarié souhaite changer de voiture mais je sais que lui donner du salaire coûte cher et comporte des risques sociaux. Je vais donc tenter de lui faire accepter un avantage en nature, quel qu'il soit, plutôt que du revenu. Dans ce contexte, la phase de recherche des objectifs réels va me servir à l'engager sur le fait :

- que s'il recherche du revenu, c'est dans un but bien précis ;
- qu'il est préférable que je comble cet objectif profond, plutôt que de donner du salaire.

Votre stratégie de questionnement doit donc correspondre à ces objectifs. Tout d'abord, vous imaginerez des solutions possibles et qui vous satisfont. Puis, vous identifierez quelles sont les opinions que pourrait exprimer votre adversaire et qui vont dans le sens des solutions que vous avez choisies. Enfin, vous choisirez et poserez les questions dont les réponses logiques sont justement ces opinions favorables.

Prenons un exemple.

Solutions choisie : Plutôt que de donner une augmentation de salaire, je préfère accorder un avantage en nature.

Questions ouvertes puis questions semi-ouvertes pour faire exprimer :

* pourquoi une augmentation de salaire
* à quoi sera employé cet argent supplémentaire
* ce qui compte c'est la satisfaction du besoin final et non pas le salaire

Questions fermées d'engagement pour faire valider :

* OK pour ne pas augmenter mon salaire si j'obtiens, en fin de compte, ce que je voulais.

Règle d'Or N° 14 : Variez les angles d'attaque et placez votre interlocuteur face à ses propres contradictions

Votre vis-à-vis ne sera probablement que peu enclin à vous donner toute l'information dont vous avez besoin pour l'engager sur la solution qui vous convient le mieux. Vous aurez à composer avec ses silences, ses réponses vagues et ses mensonges. Afin d'éclaircir une situation obscure, vous devrez poser plusieurs fois la même question, de différentes manières et sous des angles variés. Croisez les informations recueillies, placez votre adversaire face à ses contradictions et amenez-le à exprimer ce que vous voulez entendre.

Règle d'Or N° 15 : Répondez aux questions posées avec contrôle interne

Votre interlocuteur cherchera aussi à vous faire parler et à vous engager dans la voie qui lui convient le mieux. Le contrôle interne est le processus intellectuel qui vous empêche de dire des sottises. En l'occurrence, une sottise serait de répondre à une question sans avoir envisagé toutes les conséquences de cette réponse. C'est pourquoi, avant d'exprimer quoi que ce soit, demandez-vous :

- pourquoi me pose-t-il cette question ? Que cherche-t-il à découvrir ?
- comment pourrait-il utiliser la réponse que je m'apprête à faire contre moi ? Quels sont les risques d'une telle réponse ?

Sur le bureau de l'expert
Garder la juste mesure

Attention toutefois à ne pas vous enfermer dans le mutisme sous prétexte de ne pas vous dévoiler. L'échange d'information est essentiel à la négociation. Donner de l'information c'est faciliter la recherche d'une solution à laquelle vous n'aviez peut-être pas pensé mais qui vous conviendrait parfaitement. Comment votre interlocuteur pourrait-il vous donner ce que vous voulez s'il ne sait pas ce que vous voulez ?

Astuce

Préparez-vous au fait que votre interlocuteur aussi essaiera de vous faire parler plus que de raison. Pour cela, faites le tri dans les informations que vous détenez et sur lesquelles vous êtes susceptible d'être interrogé : d'un côté, placez les informations stratégiques que vous ne dévoilerez sous aucun prétexte, d'un autre côté, les informations de facilitation que vous pouvez (voire, devez) donner pour enrichir le processus de recherche d'un accord qui vous soit favorable.

Les pièges à éviter

Piège N° 9 : Subir la stratégie de questionnement de votre interlocuteur plutôt que d'imposer la vôtre

Logiquement, il revient au négociateur **leader** de choisir qui pose les questions et qui doit y répondre. Parfois cette logique pourra être bafouée et votre interlocuteur vous soumettra à un questionnement auquel vous ne vous attendez pas. Dans ce cas, il vous faudra négliger de répondre et, à l'inverse, insister sur la nécessité que votre interlocuteur a à se plier à vos interrogations.

Piège N° 10 : Manquer de pertinence dans le questionnement

Les premières questions mais, plus encore, les questions d'approfondissement doivent vous apporter les réponses dont vous avez besoin pour :

* comprendre les objectifs réels et profonds de votre vis-à-vis ;
* l'engager dans la solution qui vous convient le mieux ;
* apprendre à connaître son fonctionnement interne pour adapter vos arguments.

Si votre écoute et votre questionnement manquent de pertinence, vous ne saurez pas quoi proposer ni comment le proposer. C'est votre pouvoir de persuasion qui en pâtira.

Chapitre 10

La phase de concessions/contreparties et argumentation : donner peu et recevoir beaucoup

Dans ce chapitre vous apprendrez à :

✔ *obtenir une contrepartie pour chaque concession que l'on vous demande ;*

✔ *limiter le coût de vos concessions ;*

✔ *obtenir des contreparties importantes et « valorisables ».*

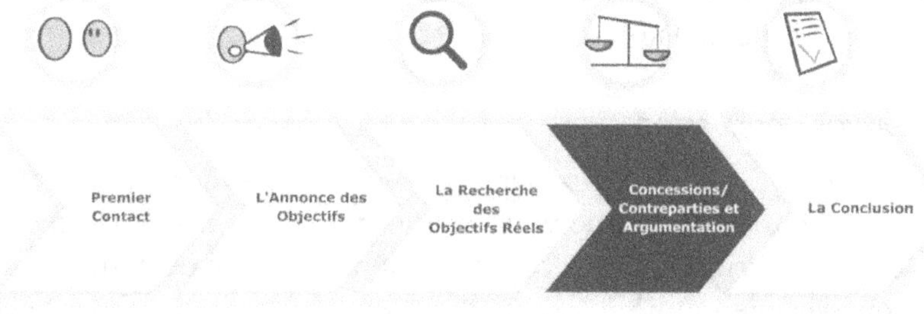

Les objectifs réels ayant été éclaircis, on peut rentrer dans le vif de la négociation. Négocier, c'est échanger. Votre but est d'obtenir quelque chose de la part de votre interlocuteur, lequel tente de son côté d'atteindre ses propres objectifs. Pour que le système fonctionne il faut que chacun fasse un ou plusieurs pas vers l'autre. Aucun des négociateurs ne fera de concession sans espoir d'obtenir une contrepartie.

Vos objectifs et enjeux

Atteindre vos objectifs

La phase d'échange concessions/contreparties constitue le véritable moteur de la négociation. À l'issue de cette étape, vous saurez si vous avez obtenu ce que vous cherchiez ou si vous avez réussi à garder ce que vous ne vouliez pas perdre. Dans tous les cas de figure, lors de cette étape clé, vous allez demander à votre interlocuteur de faire des concessions qui constitueront l'essentiel de vos gains. L'atteinte de vos objectifs est donc subordonnée au bon déroulement de cette quatrième étape du face-à-face.

Limiter vos concessions

Dans le même temps, votre vis-à-vis vous demandera des concessions en échange de ce que vous attendez de lui. Chacun de ces pas faits en sa direction vous est coûteux. Gérer la phase de concessions/contreparties de manière à limiter vos efforts est la clé d'une négociation rentable au final.

Défendre vos propositions

Nous avons déjà évoqué ce fait : la négociation est un art très peu argumentatif. À ce propos, aucune des phases du face-à-face dont nous avons parlé ne fait état d'une quelconque possibilité d'argumenter. Tout argument donné en amont des propositions d'échange concessions/

contreparties serait donné trop tôt, inutile et donc perdu à jamais. En effet, vos arguments ne servent qu'à soutenir vos propositions de négociation ou à justifier que vous refusiez celles de votre adversaire.

Les Règles d'Or

Règle d'Or N° 16 : Faites vos concessions le plus tard possible, seulement en cas de blocage de la négociation

Au sujet des concessions, vous pouvez avoir deux certitudes : elles correspondent toutes à un coût et chacune d'entre elles en appelle d'autres. Faire des concessions est donc le meilleur moyen de mettre en péril le résultat de votre négociation. Toutefois, vous devez aussi être conscient du fait que, sans faire un pas en direction de votre interlocuteur, vous ne pourrez pas obtenir de contreparties de sa part. La logique veut donc que vous ne réserviez vos concessions que dans les cas où elles sont absolument nécessaires. Plus vous retardez le moment où vous céderez, moins vous vous éloignerez de vos objectifs. En particulier, il faut attendre un véritable blocage de la négociation avant de proposer une concession. Tout effort fait avant cette situation conflictuelle sera interprété par votre vis-à-vis comme un signe de faiblesse et appellera d'autres demandes de sa part.

Astuce

Ne faites pas la première concession. Celui des deux négociateurs qui cède le premier laisse un avantage psychologique à son adversaire. Faites le nécessaire pour ne pas être celui-là, en résistant le plus longtemps possible et en insistant pour obtenir un geste, même symbolique, de votre vis-à-vis.

Règle d'Or N° 17 : Faites toujours la plus petite concession possible

Limiter l'importance de vos concessions c'est en limiter le coût et donc l'impact négatif sur le résultat final de votre négociation. Bien souvent, lorsque la négociation bloque et que vous sentez que vous devez faire un geste en faveur de votre interlocuteur pour obtenir de lui la contrepartie que vous attendez, vous avez plusieurs options. Pour reprendre la terminologie de l'étape 6 de la check-list Nego-System, vous avez le choix du curseur que vous allez baisser. Par exemple, vous pouvez proposer à votre interlocuteur une amélioration de ses conditions de paiement, des garanties sur la livraison ou encore un effort sur le packaging. Vous choisirez de faire en priorité la concession qui vous coûte le moins. Mais vous pouvez aussi aller encore plus loin dans cette logique et choisir de ne faire qu'une partie de l'effort total.

Par exemple, si vos curseurs de négociation font apparaître dans le champ « délais de paiement » un objectif plafond à 30 jours et un objectif réaliste à 60 jours fin de mois, commencez par ne proposer qu'une amélioration de 30 jours à 45 jours nets. En limitant la valeur de la concession, vous limitez vos pertes et vous valorisez l'effort que vous faites.

Faire les pas les plus petits possible en direction de l'autre négociateur n'est pas une chose facile. En effet, il s'attend probablement à plus de votre part et sera déçu, voire fâché par cette annonce. C'est à ce moment-là qu'interviennent les arguments. Leur premier rôle est de soutenir votre offre, de la valoriser aux yeux de votre interlocuteur et d'expliquer en quoi elle constitue un maximum acceptable pour vous. Plus vous serez convaincant dans vos explications, plus votre vis-à-vis aura de difficultés à revenir vers vous avec une nouvelle demande plus ambitieuse.

Règle d'Or N° 18 : Exigez une contrepartie pour chaque concession « Si vous me donnez… alors je peux vous donner… »

On entend souvent dire « la négociation, c'est donnant-donnant ». C'est probablement une des seules idées reçues sur la négociation à laquelle je ne vais pas « tordre le cou ». La notion d'échange est fondamentale et pour que le système fonctionne, il faut que concessions et contreparties soient simultanées. Plus précisément, il faut que vous conditionniez chaque concession que vous faites à l'obtention d'une contrepartie. Accorder un gain à votre interlocuteur et donc accepter une perte, sans avoir de compensation immédiate, et en pensant qu'il vous renverra l'ascenseur lorsque vous lui demanderez de faire à son tour un geste en votre faveur, est une erreur grave. Les négociateurs sont amnésiques. Faites comprendre qu'avec vous rien n'est gratuit, et que chaque pas fait en faveur de votre vis-à-vis est subordonné à un pas qu'il fera vers vous : « Vous me dites ne pas pouvoir payer à 30 jours ? Eh bien, si vous me passez commande aujourd'hui de 100 unités supplémentaires, je peux vous proposer un paiement à 45 jours nets au lieu des 30 jours que nous pratiquons habituellement ».

Règle d'Or N° 19 : Demandez toujours la plus grande contrepartie possible

De même que les concessions que vous faites représentent vos pertes, les contreparties que vous engrangez représentent vos gains. Ainsi, demander et obtenir beaucoup est le plus sûr moyen d'atteindre vos objectifs. Rappelez-vous un des messages clés de partie 1 : soyez ambitieux et réaliste. Plus vous demanderez, plus vous obtiendrez.

Se montrer exigeant peut être difficile. C'est tout un art de demander, et nous en étudierons les règles dans la partie 3. En attendant, le second rôle que doivent jouer les arguments que vous avez préparés est celui de venir justifier et crédibiliser vos demandes. Plus ils seront affûtés, mieux votre interlocuteur comprendra votre situation et l'importance pour vous d'obtenir tout ce que vous lui demandez, et plus il lui sera difficile de refuser.

Astuce

N'argumentez pas trop tôt dans le face-à-face. Réservez vos arguments pour la phase dans laquelle ils sont véritablement utiles : la phase d'échanges concessions/contreparties. Tout argument donné trop tôt est un argument de perdu !

Règle d'Or N° 20 : Utilisez l'échiquier des concessions et contreparties

L'échiquier des concessions et contreparties est un outil qui vous permettra d'ajuster les concessions à faire et les contreparties à obtenir. Il vient en complément des curseurs de la négociation et de la notion de scénario de la check-list Nego-System. Il se fonde sur 3 principes :

- toutes les concessions que vous pouvez être amené à faire ne représentent pas le même coût pour vous ;
- votre adversaire n'accorde pas la même valeur à toutes vos concessions. Certaines sont plus importantes et plus rémunératrices que d'autres ;
- la valeur de la contrepartie que vous pouvez obtenir en échange d'une concession que vous faites ne dépend pas du coût que cette concession représente pour vous mais de la valeur que lui accorde votre vis-à-vis. En d'autres termes, il pourra payer plus cher quelque chose qui l'intéresse plus.

L'échiquier des concessions et contreparties vous amène à réfléchir sur les valeurs respectives des efforts que vous faites et des gains qui y sont associés. Il décrit 4 cas.

Cas n° 1 : la création de valeur

Vous faites une concession qui vous coûte moins que ce qu'elle rapporte à votre interlocuteur. En échange, vous pouvez demander une contrepartie plus importante et la différence entre ce que l'effort vous coûte et ce qu'il vous rapporte est un gain net. Vous avez créé de la valeur pour vous.

Cas n° 2 : l'échange de reines

Dans ce cas, pour obtenir quelque chose qui vous intéresse vraiment, vous devez proposer une concession coûteuse. Vous gagnez autant que ce que vous perdez, on parle de « jeu à somme nulle » et aucune valeur n'est créée. Avant de proposer un tel échange, voyez comment vous pouvez réduire le coût de cette concession et ainsi vous rapprocher du cas n° 1.

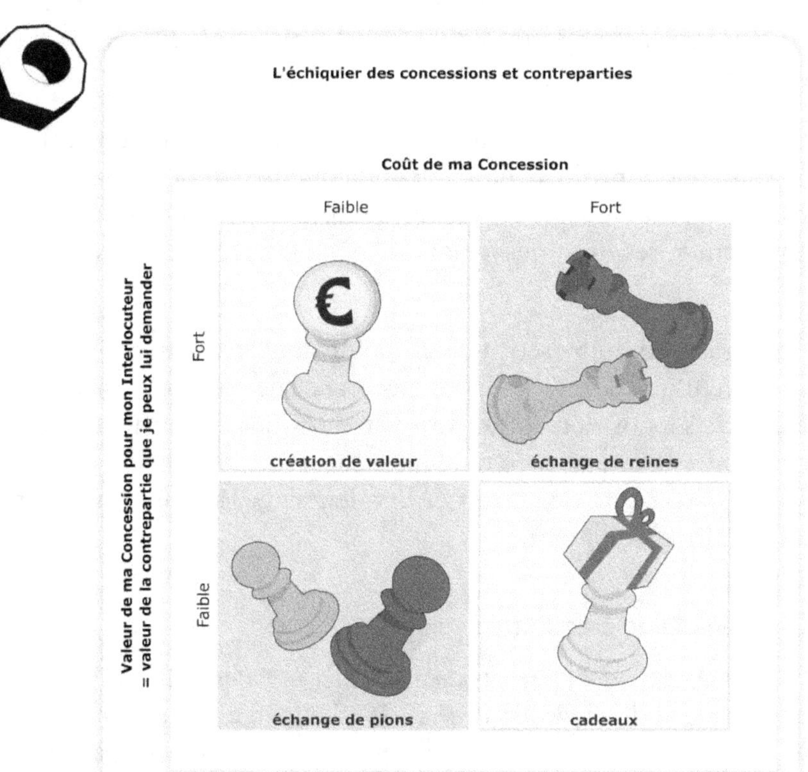

Cas n° 3 : l'échange de pions

Ici, une concession minime permet d'obtenir une contrepartie équivalente. Cet échange ne génère toujours pas de création de valeur. Tentez d'améliorer la valeur perçue de votre concession. Argumentez pour en faire valoir tous les aspects positifs. Votre interlocuteur vous en donnera plus cher et vous vous rapprocherez du cas n° 1.

Cas n° 4 : le cadeau

Dans ce cas, vous donnez beaucoup pour recevoir peu. Souvent cela arrive lorsque nous pensons que la concession que nous proposons est forcément aussi intéressante pour l'autre partie que ce qu'elle est coûteuse pour nous. En général il n'en n'est rien.

Par exemple, on voit souvent des commerciaux dont l'entreprise connaît des difficultés financières et à qui on a donc demandé d'être particulièrement vigilant sur les conditions de paiement, proposer en dernier recours, des délais de règlement exceptionnellement longs.

Ce faisant, ils supposent que ce point doit être aussi critique pour leur client que ce qu'il est pour eux. Sans aucune vérification préalable cette supposition risque fort d'être erronée et donnera lieu à une concession très coûteuse que l'interlocuteur ne valorisera pas tellement. Dans ce cas on détruit de la valeur et ce type de concession est à proscrire absolument.

Un exemple de création de valeur

Vous êtes le gérant d'une boutique de prêt-à-porter pour hommes. Un client vous demande un rabais de 10 % sur un costume de marque à 800 € qu'il estime « un peu cher pour son budget et pour pouvoir se décider tout de suite ». Si vous lui accordez cette concession, vous perdez 80 €, il gagne 80 €, vous êtes dans un jeu à somme nulle et aucune valeur n'est créée. Vous pratiquez un échange de reines. Si vous lui refusez ce rabais mais que, en échange, vous lui offrez une chemise accordée au costume, dont le prix est de 80 €, il gagne cette somme alors que vous ne perdez que le prix d'achat de la chemise, environ 40 €. Vous êtes dans un jeu à somme positive, vous créez de la valeur.

Astuce

Comment gérer la phase de « marchandage de tapis » ? Bien souvent, la phase de concessions/contreparties et argumentation se terminera par des petits pas mutuels appelés « marchandage ». La manière la plus rentable de gérer cette étape est d'inverser la proportionnalité des concessions et du temps. En clair, réduisez les efforts que vous faites et imposez à votre interlocuteur un temps à chaque fois plus grand pour les obtenir.

Par exemple, baissez votre prix de 10 euros au bout de 5 minutes. Puis, baissez de 5 euros supplémentaires au bout de 10 minutes. Ensuite, faites patienter votre interlocuteur 20 minutes pour un gain de 3 euros seulement. Et ainsi de suite. En pratiquant de la sorte, vous obtenez deux avantages :

➤ vous signifiez à votre adversaire que vous vous rapprochez dangereusement de votre ligne de rupture (même si cela est faux) ;

➤ vous dégradez son retour sur investissement-temps. Le fait que vous continuiez de baisser lui laissera supposer que d'autres concessions sont envisageables. Toutefois, le temps à consacrer pour les obtenir se faisant de plus en plus long, l'opération est de moins en moins rentable. A-t-il vraiment envie de passer 40 minutes pour gagner 1 € de plus ?

Les pièges à éviter

Piège N° 11 : *Avoir des* a priori *négatifs*

Certaines idées fausses que vous vous mettez en tête peuvent avoir des conséquences néfastes sur vos résultats de négociation. On peut citer par exemple :

- Dans cette situation, je ne peux pas me montrer ambitieux.
- Il ne voudra (pourra) jamais me donner…
- Si je refuse de lui accorder… il se fâchera et rompra la négociation.
- On ne peut rien faire, rien obtenir dans la position du petit poisson.
- Mes concurrents ont plus de possibilités de négociation que moi.

Toutes ces croyances dépréciatrices vont vous amener à ne pas respecter une ou plusieurs des Règles d'Or de la phase de concessions/contreparties et argumentation. Ainsi vous réduisez vos chances d'atteindre vos objectifs et augmentez vos risques. À l'inverse, entrez dans la négociation sans *a priori* négatif. Partez du principe que vous êtes légitime pour demander tout ce que vous voulez obtenir et que votre interlocuteur peut accéder à toutes vos requêtes.

Piège N° 12 : Se fier à l'apparence

Méfiez-vous des personnes qui vous paraissent sympathiques. Il vous sera plus difficile de leur refuser une concession ou de leur demander une contrepartie importante. Dans ce cas, les aspects affectifs jouent contre vous. Certains négociateurs, manipulateurs dans l'âme, sont passés maîtres dans l'art de susciter la sympathie. On les appelle les « gentils voleurs ». Ils se servent de leur capital relationnel pour vous demander des concessions que vous aurez du mal à leur refuser ou pour résister à vos demandes de contreparties. Pour contrer cette stratégie il y a deux solutions :

- la première consiste à les démasquer et à leur faire savoir que vous n'êtes pas tombé dans le piège et que vous avez identifié l'origine artificielle de se sentiment de sympathie ; en conséquence, que vous ne souhaitez pas vous laisser influencer et que vous agirez avec eux avec la même rigueur qu'avec toute autre personne ;

- la seconde consiste à différencier le jugement que vous portez sur la personne avec celui que vous inspire la situation. En d'autres termes, il s'agit de se montrer souple avec les personnes et strict avec les concessions et les contreparties. C'est ce qu'on appelle « l'assertivité » que nous étudierons dans la partie 3.

Chapitre 11

La conclusion de l'accord : terminer la négociation et bien préparer la suite

Dans ce chapitre vous apprendrez à :

✔ *reconnaître le meilleur moment pour terminer la négociation ;*
✔ *conclure sans stress et sans brusquer l'interlocuteur ;*
✔ *préparer l'implémentation de l'accord négocié.*

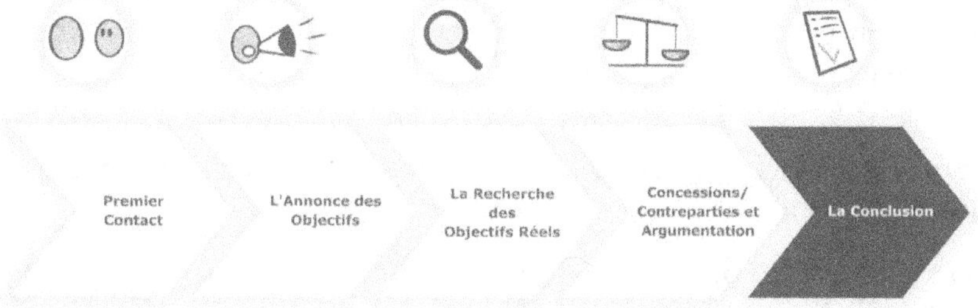

Les échanges entre concessions et contreparties ont été menés à leur terme. Cela signifie que chaque négociateur a fait jouer ses curseurs, a fait des propositions et des contre-propositions, jusqu'à ce que chacun trouve son compte dans un accord qui le satisfait.

Vos objectifs et enjeux

Figer une situation qui vous est favorable

De nombreuses propositions et contre-propositions ont été faites dans la phase d'échange concessions/contreparties et trois cas de figure peuvent se présenter :

* une des parties n'accepte pas la dernière proposition faite. Dans ce cas, il faut continuer les échanges et on ne peut pas passer à la conclusion ;

* les deux parties peuvent accepter la proposition en cours mais l'une d'elles pense qu'elle peut encore améliorer son résultat et veut donc continuer l'échange ;

* les deux parties sont satisfaites de la dernière proposition faite, elles le signifient et on peut passer à la conclusion de l'accord.

La phase de conclusion sert donc à interrompre la négociation à un moment où les deux parties trouvent leur compte dans le dernier accord proposé. Ce faisant, on fige le résultat dans le temps et celui-ci devient définitif.

Formaliser l'accord pour l'inscrire dans le temps et l'opposer aux tiers

Les paroles s'envolent vite alors que les écrits restent… C'est pourquoi une des utilités essentielles de la dernière phase du face-à-face sera la production d'un document formalisant l'accord trouvé afin de lui donner pérennité et corps vis-à-vis de tous ceux qui n'ont pas assisté à la négociation.

Préparer l'implémentation de l'accord

Outre les conditions de l'accord en lui-même, la conclusion permet de formaliser tous les points annexes qui faciliteront la mise en œuvre de l'accord et la production des effets escomptés.

Les Règles d'Or

Règle d'Or N° 21 : Attendez un blocage de votre interlocuteur pour conclure

La négociation a ceci de frustrant qu'à chaque fois on se dit qu'on aurait pu gagner plus. Pour limiter cet effet et vous assurer que vous êtes allé au bout des concessions que pouvait vous faire votre vis-à-vis, concluez toujours sur une proposition qu'il refuse et revenez à l'avant-dernière solution envisagée.

Par exemple, votre client vous fait l'offre suivante : commande de 100 000 unités à 9,20 € pièce payées à 60 jours. Il a déjà refusé votre proposition à 9,25 € ainsi que le paiement à 30 jours. Cette offre vous convient parfaitement et vous pourriez l'accepter tout de suite. Plutôt que de le faire, je vous conseille de contre-proposer 9,23 € pièce et 45 jours. S'il accepte l'une ou l'autre de ces conditions, vous gagnez 15 jours de trésorerie ou 3 000 €. S'il refuse en bloc, c'est que vous êtes probablement au bout des concessions qu'il peut faire (vous avez atteint son objectif plancher, sa ligne de rupture). C'est alors le bon moment pour déclencher la conclusion sur la base de l'accord à 9,20 € et paiement à 30 jours.

Règle d'Or N° 22 : Demandez la concession bonus

La concession bonus est un ultime gain que vous allez obtenir de votre interlocuteur à la toute fin de la négociation, voire après même que vous vous êtes mis d'accord. Le principe est le suivant : vous demandez un dernier effort suffisamment petit pour que votre vis-à-vis ne puisse pas en faire un point de blocage, et vous le demandez suffisamment tard pour que le refus remette en cause toute la négociation c'est-à-dire beaucoup de temps et de travail. Plutôt que de risquer un nouveau blocage, un retour en arrière et une perte de ses avantages obtenus, l'interlocuteur n'aura pas d'autre choix que de vous accorder ce petit cadeau supplémentaire.

Règle d'Or N° 23 : Faites reformuler et reformulez toutes les conditions de l'accord

Trop souvent les négociateurs, y compris professionnels, pensent s'accorder sur une proposition commune mais ne sont, en fait, pas sur la même longueur d'onde. Pris dans le feu et le stress de la discussion, chacun pense que l'autre accepte sa dernière offre. J'ai même vu un cas où les deux protagonistes ne se sont rendu compte de leur erreur qu'au moment de rédiger le contrat !

Avant de vous séparer, demandez à votre vis-à-vis de reformuler tous les termes de l'accord, puis livrez-vous, à votre tour, à cet exercice. Au besoin, notez tous les points sur un endroit visible des deux parties (tableau, feuille au centre de la table…). Posez toutes les questions nécessaires à l'éclaircissement des points obscurs ou non abordés. Ne déclarez la négociation terminée et l'accord trouvé que lorsque vous êtes absolument sûr de vous être entendus sur les mêmes termes.

Règle d'Or N° 24 : Formalisez l'accord dans un document écrit

Contrats, bons de commandes, certificats sur l'honneur ou minutes d'entretien sont autant de preuves de l'existence de votre accord et constituent le premier pas de sa mise en œuvre. Rédigez autant d'exemplaires que de parties et insistez sur le formalisme. Certaines personnes, sous couvert de « se faire confiance » ou de « ne pas s'enquiquiner avec de la paperasse », tenteront de vous faire renoncer à l'écrit. C'est une mauvaise habitude à prendre. Soyez ferme sur ce point car il permet de défendre vos intérêts et de protéger les bénéfices que vous avez obtenus par la négociation.

Règle d'or N° 25 : Intégrez à l'accord tous les éléments de sa mise en œuvre

Combien de contrats restent lettre morte, combien d'accords-cadres ne sont jamais appliqués, combien d'entorses peut-on dénombrer aux conditions initialement négociées ou encore combien d'accords doivent être renégociés parce que trop difficiles à implémenter ? Nous avons tous vécu de telles situations. Pour les éviter, pensez dès la fin de la négociation à la façon dont l'accord devra et pourra être mis en œuvre. Fixez toutes les étapes et discutez de toutes les difficultés avec votre interlocuteur. Prenez les garanties nécessaires et précisez les conditions.

Les pièges à éviter

Piège N° 13 : Précipiter la conclusion

Tenter de conclure dès que l'accord vous est favorable a deux effets négatifs :

- vous empêcher d'obtenir d'autres contreparties et ainsi maximiser vos gains ;

- montrer à l'adversaire votre grand intérêt pour cette proposition et lui signifier que vous êtes encore loin de votre ligne de rupture et qu'il peut donc continuer à vous mettre la pression.

À l'inverse, continuer de vous montrer ambitieux et exigeant, demander des concessions supplémentaires montre à votre interlocuteur votre détermination et lui fait supposer que l'accord n'est toujours pas acceptable pour vous et qu'il devra donc faire de plus amples efforts.

Piège N° 14 : Céder au stress et concéder pour conclure

Une négociation longue et conflictuelle peut se révéler génératrice de stress. Dans ce cas, pour échapper à cette tension, un des négociateurs peut être tenté de concéder plus vite pour obtenir l'accord de son vis-à-vis et mettre fin à son malaise. C'est une erreur double. Tout d'abord, parce qu'elle fait réaliser une perte immédiate et ensuite, parce que l'adversaire qui comprend la manœuvre fera peser une pression de plus en plus grande, générant ainsi encore plus de stress pour obtenir d'autres concessions gratuites.

Chapitre 12

Que faire lorsqu'il n'y a pas de face-à-face ?

Dans ce chapitre, vous apprendrez à :

✔ *négocier par téléphone et par mail ;*

✔ *forcer un interlocuteur qui vous fuit et ne veut pas négocier.*

Toutes les Règles d'Or exposées dans les chapitres précédents s'appliquent quelle que soit la négociation que vous devez mener et quelle qu'en soit sa forme. Cependant, dans certains cas particuliers, vous devrez appliquer quelques points supplémentaires.

Négocier par téléphone

Ne négociez jamais sur un appel de votre interlocuteur

Lorsque votre adversaire de négociation vous appelle, c'est qu'il est prêt. Il a probablement le dossier ouvert sous les yeux ainsi que sa check-list et ses curseurs. Il a en tête les points essentiels de sa stratégie et a choisi le meilleur moment pour lui. À l'inverse, vous ne savez pas quand votre téléphone va sonner… Vous n'êtes pas prêt et êtes probablement encore dans ce que vous étiez en train de faire.

À ce moment, l'asymétrie de pouvoir est trop grande pour être facilement compensée. Négocier dans ces conditions, c'est minimiser votre potentiel et vos chances de succès. Il va vous falloir trouver une astuce pour échapper à la négociation, quitte à la reprendre dans quelques minutes seulement si elle est urgente, ou si vous ne pouvez pas vous permettre de faire patienter votre interlocuteur.

Faites mine de négocier, puis trouvez un prétexte pour raccrocher

Pour se soustraire à la négociation, il vous suffit de prétexter une réunion, une batterie déchargée, un problème avec les enfants… Je fais confiance à votre créativité pour trouver toute une liste de prétextes plausibles et les utiliser à bon escient. Toutefois, il serait inopportun d'interrompre trop tôt cette conversation qui peut vous apporter bien plus.

En effet, avant de prétexter un entretien avec votre supérieur hiérarchique, faites croire à votre interlocuteur que vous êtes tout à fait disposé à l'écouter. Demandez-lui de quoi il s'agit ou encore de vous récapituler la situation et taisez-vous. Il commencera sa propre partie de la négociation et vous annoncera ses intentions, c'est-à-dire ses objectifs plafonds, et peut-être même ses premiers et meilleurs arguments.

À ce moment-là, vous en savez assez pour sortir votre excuse miracle de votre manche, écourter la conversation et lui promettre de le rappeler. En obtenant gratuitement toute cette information, c'est maintenant vous qui êtes en position de force. Il ne vous reste plus qu'à exploiter cet avantage.

Préparez-vous avant de rappeler

À votre tour, relisez vos documents et votre check-list. Intégrez-y toutes les informations que vous avez glanées et, au besoin, procédez aux ajustements nécessaires. Attendez que votre interlocuteur ait commencé une autre tâche ou se soit probablement plongé dans un autre dossier et surprenez-le en le rappelant.

Plus de non-verbal passe au téléphone que ce que l'on imagine

Ce n'est pas parce que vous négociez par téléphone que vous devez oublier votre modèle comportemental. De nombreuses informations non verbales passent tout de même. Le ton, le rythme et le volume de la voix sont clairement perceptibles. « Le sourire s'entend » dit-on souvent. Les soupirs et les gestes d'énervement aussi, sans parler des silences et des marques de surprise…

Négocier par mail

Utilisez le ton le plus neutre possible

La particularité du mail est d'être un mode de communication asynchrone, c'est-à-dire que le message n'est pas reçu au moment où vous l'envoyez. Plus particulièrement vous ne savez jamais quand exactement votre interlocuteur prendra connaissance de votre texte, ni dans quel état d'esprit il sera à ce moment-là. C'est pourquoi il ne vous sera pas possible de modifier le contenu ni la forme de votre communication en fonction de sa réaction, comme cela pourrait se faire lors d'une discussion. Le risque de le heurter, le mettre en colère, ou au contraire, que votre message soit pris trop à la légère, est donc grand.

Pour ne pas tomber dans ces pièges évitez tous les effets de forme qui pourraient être ambigus :

- point d'exclamation ;
- mot en capitales ;
- souligné, gras, italique ;
- changement de couleur ;
- émoticône…

Restez neutre, clair et concis.

Ne surchargez pas les mails, ne mélangez pas les idées

N'écrivez qu'une seule idée directrice par mail. Choisissez un objet en rapport direct avec cette idée, et utilisez systématiquement la fonction « répondre » afin que tout l'historique de la relation se trouve dans le même document.

Forcer un interlocuteur qui fuit la négociation

De temps en temps vous vous trouverez en face d'un interlocuteur qui se sera placé dans la stratégie de la Fourmi. Dans ce cas, il se peut que son intérêt pour cette négociation soit si faible qu'il tente d'échapper au face-à-face. Voici quelques conseils pour le ramener dans le droit chemin.

Montrez-lui son intérêt

Si votre vis-à-vis fuit la négociation, c'est probablement parce qu'il suppose qu'il y a tout à perdre et rien à gagner. C'est peut-être exagéré. Si, dans l'étape 3 de votre check-list, vous avez identifié des opportunités, des gains potentiels pour lui, ce sont autant d'arguments pour l'amener à s'impliquer dans la discussion.

Fixez des échéances et anticipez ses réactions

Insistez pour qu'il vous propose une date et un lieu de rendez-vous. À défaut, établissez-les et insistez pour avoir son assentiment. Envoyez un mail ou un courrier de confirmation avec l'ordre du jour de la négociation. Quelque temps avant l'échéance, joignez-le par téléphone pour vous assurer de sa présence et régler les problèmes logistiques (adresse, plan, mode de transport, personne à contacter...). Facilitez-lui la tâche. À l'inverse, sanctionnez durement toute annulation, tout report, tout changement de dernière minute ou retard.

Facilitez sa retraite

Il se peut aussi que, se sentant attaqué, votre interlocuteur craigne plus de perdre la face que de devoir vous octroyer des gains. Une négociation et ses résultats restent rarement secrets. Or, les tiers peuvent parfois juger durement une issue qui semble pourtant honorable à votre vis-à-vis. Dans ce cas, vous devez le rassurer avant le face-à-face sur deux points :

- votre volonté de ne pas l'humilier et de préserver son image ;
- votre capacité à l'aider à communiquer positivement sur les résultats de la négociation et l'accord trouvé. Cette communication sera dirigée vers ses collègues dans son entreprise, sa famille, ses membres, ses partenaires… selon le cas.

Ainsi, quels que soient les résultats de la discussion, son honneur sera sauf et cela l'incitera probablement à s'asseoir à la table de négociation.

Fiche pratique
Les Règles d'Or de la négociation

N° 1 : *Jouez votre Rôle Primaire et votre Rôle Secondaire le plus tôt possible.*

N° 2 : *Montrez clairement dans quel état d'esprit vous vous trouvez.*

N° 3 : *Renseignez-vous sur l'état d'esprit de votre interlocuteur.*

N° 4 : *Appuyez-vous sur l'effet de halo positif.*

N° 5 : *Faites jouer le principe de Soumission à l'Autorité.*

N° 6 : *Laissez parler l'autre en premier.*

N° 7 : *Exprimez les objectifs de manière claire et quantifiée.*

N° 8 : *Annoncez des objectifs conformes à ceux de votre check-list.*

N° 9 : *Annoncez vos objectifs de manière claire et quantifiée.*

N° 10 : *Commencez par des questions ouvertes.*

N° 11 : *Rebondissez et approfondissez par des questions semi-ouvertes.*

N° 12 : *Engagez votre interlocuteur avec des questions fermées.*

N° 13 : *Posez vos questions avec une stratégie bien définie.*

N° 14 : *Variez les angles d'attaque et placez votre interlocuteur face à ses propres contradictions.*

N° 15 : *Répondez aux questions qui vous sont posées avec contrôle interne.*

N° 16 : *Faites vos concessions le plus tard possible, seulement en cas de blocage de la négociation.*

N° 17 : *Faites toujours la plus petite concession possible.*

N° 18 : *Exigez une contrepartie pour chaque concession « Si vous me donnez… alors je peux vous donner… ».*

N° 19 : *Demandez toujours la plus grande contrepartie possible.*

N° 20 : *Utilisez l'échiquier des concessions et contreparties.*

N° 21 : *Attendez un blocage de votre interlocuteur pour conclure.*

N° 22 : *Demandez la concession bonus.*

N° 23 : *Faites reformuler et reformulez toutes les conditions de l'accord.*

N° 24 : *Formalisez l'accord dans un document écrit.*

N° 25 : *Intégrez à l'accord tous les éléments de sa mise en œuvre.*

Les pièges à éviter

Phase de Premier Contact

Rentrer dans son jeu.

Commencer à argumenter avant le début de la négociation.

Vouloir s'imposer à tout prix.

En faire trop.

Phase d'Annonce des Objectifs

Accepter une manière d'exprimer les objectifs qui ne correspond pas à celle avec laquelle vous vous êtes préparé.

Commencer à négocier sans base ou sur de fausses bases.

Réagir à l'annonce d'objectifs ambitieux.

Ne pas annoncer ses objectifs de peur de se dévoiler.

Phase de recherche des objectifs réels

Subir la stratégie de questionnement de votre interlocuteur plutôt que d'imposer la vôtre.

Manquer de pertinence dans le questionnement.

Phase de concessions/contreparties et argumentation

Avoir des a priori négatifs.

Se fier à l'apparence.

Phase de conclusion

Précipiter la conclusion.

Céder au stress et concéder pour conclure.

En l'absence de vis-à-vis

Négocier au téléphone

Ne négociez jamais sur un appel de votre interlocuteur.

Faites mine de négocier puis, trouvez un prétexte pour raccrocher.

Préparez-vous avant de rappeler.

Souvenez-vous que plus de non-verbal passe au téléphone que ce que l'on imagine.

Négocier par mail

Utilisez le ton le plus neutre possible.

Ne surchargez pas les mails, ne mélangez pas les idées.

Forcer un interlocuteur qui fuit la négociation

Montrez-lui son intérêt.

Fixez des échéances et anticipez ses réactions.

Facilitez sa retraite.

Partie 3

Les compétences relationnelles du négociateur

Se faire comprendre

Convaincre

Demander pour obtenir

S'adapter à l'interlocuteur

Au-delà des aspects purement techniques de la négociation (méthode de préparation, étapes du face-à-face et Règles d'Or), vous devrez mettre en œuvre de nombreuses compétences relationnelles pour atteindre vos objectifs. Convaincre, amener votre vis-à-vis à changer de position, comprendre et gérer les personnalités différentes sont autant de leviers qu'il vous faudra savoir maîtriser. Toutes ces compétences relationnelles peuvent être classées en cinq grandes catégories représentées par une étoile.

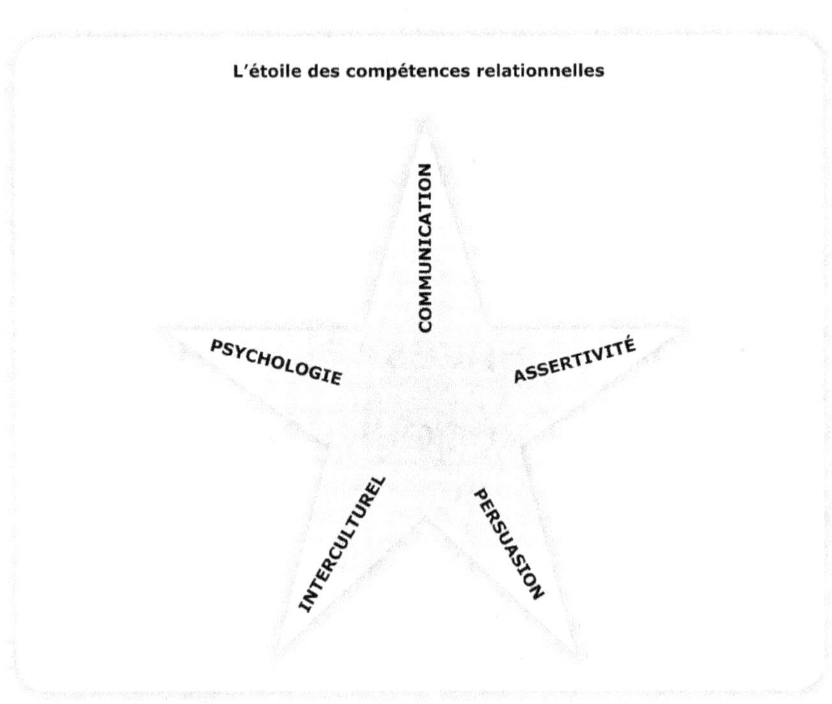

Les chapitres de cette partie vous aideront à développer toutes ces compétences.

Chapitre 13

Le négociateur est un bon communicant

Dans ce chapitre, vous apprendrez à :
- ✔ *déjouer les pièges de la communication pour délivrer un message efficace ;*
- ✔ *faire la différence entre informer et communiquer ;*
- ✔ *pratiquer une **écoute active** des messages de votre interlocuteur.*

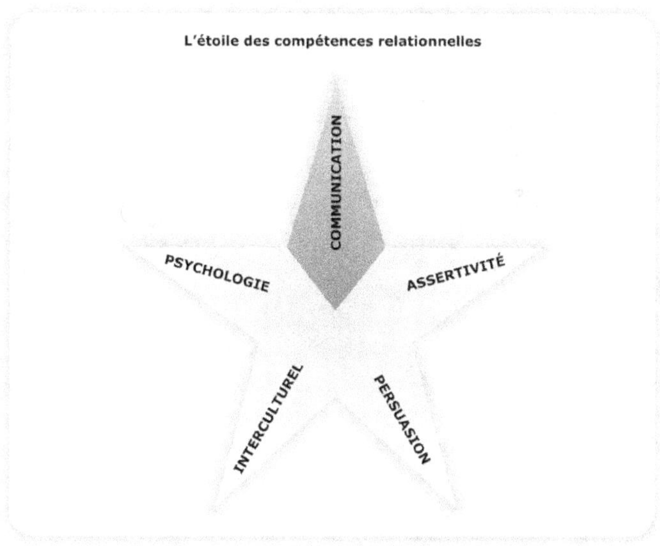

Avant de penser à convaincre, il faut vous assurer d'être bien compris. Négocier demande de parler à quelqu'un que l'on ne connaît pas forcément, parfois même à plusieurs personnes. On a aussi vu que l'échange peut être difficile ou conflictuel. Tout cela amène une communication pleine de pièges. Tomber dans l'un ou l'autre de ces pièges fragilise votre discours, vos arguments, vos demandes et, en fin de compte, votre stratégie.

Les pièges de la communication

Lorsque vous émettez un message à destination de votre interlocuteur il passe par cinq processus. Chacun d'eux recèle des pièges qu'il faut connaître et savoir contourner pour communiquer efficacement.

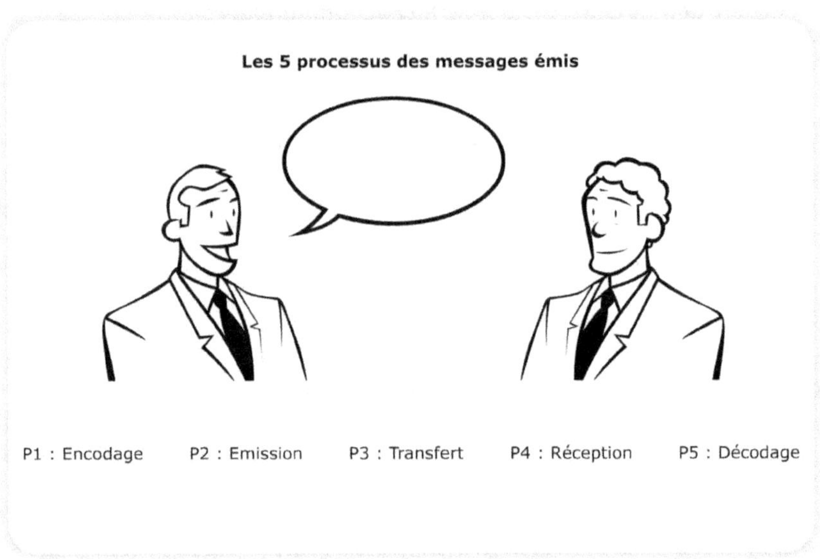

Processus n° 1 : l'Encodage

L'Encodage est l'étape qui consiste à transformer une de vos idées en un code qui s'appelle le langage. Lors de ce processus, vous allez choisir les mots qui expriment le mieux ce à quoi vous pensez.

Les pièges de l'Encodage sont justement liés au choix de ces mots. Tout ce que vous souhaiteriez exprimer fourmille de détails, les images que vous avez en tête sont en mouvement et pleines de couleurs… Or, vous aurez rarement le temps de vous attarder sur toutes ces informations. Il vous faudra en éliminer la plus grande partie pour rendre le reste exprimable par le langage. Ce faisant, vous allez considérablement réduire le niveau d'information que vous allez transmettre et créer une véritable différence entre vous qui possédez tous les détails, et votre interlocuteur qui n'aura que ce que vous lui aurez transmis.

Autre piège d'importance, le vocabulaire dont vous disposez. Parfois, les mots nous manquent pour exprimer exactement ce à quoi nous pensons. Une nuance de couleur particulière, un terme technique, un sentiment subtil… peuvent être difficiles à exprimer de la façon la plus précise. Vous remarquerez d'ailleurs que cela est d'autant plus vrai lorsque vous parlez une langue étrangère pour laquelle, par définition, votre vocabulaire est moins élaboré.

À chaque fois que votre message manque de précision vous perdez de l'information sans en être totalement conscient.

Par exemple, si vous verbalisez le fait qu'hier vous êtes allé acheter des lunettes par les mots « hier, je suis allé acheter des lunettes », pour aussi claire que cette phrase puisse être, elle n'en demeure pas moins incomplète comparée à la réalité de l'action. En effet, vous savez quelle monture et quels verres vous avez acquis, où vous les avez achetés, pourquoi, avec qui, quand dans la journée… À l'inverse, votre interlocuteur n'a pas toute cette d'information alors même qu'elle peut vous paraître évidente.

Processus n° 2 : l'Émission

L'Émission consiste à transformer la chaîne de mots encodée en paroles, c'est-à-dire en sons. Et là encore, le risque de perdre de l'information au passage est grand.

Pour peu que vous ayez un défaut de prononciation (cheveu sur la langue, chuintement…), que vous parliez trop vite ou trop bas, ou encore que vous ayez un accent régional ou étranger, les mots, tels que vous les prononcez, ne correspondent pas à ce que votre interlocuteur en attendrait. Il en va de même si le ton que vous employez n'est pas adéquat ou encore si vous parlez la bouche pleine.

Par exemple, vous pensez avoir dit « ma dernière proposition sera de cent unités à 50 euros pièce » et votre interlocuteur comprend « ma dernière proposition sera : deux cents unités à 50 euros pièce ». On imagine aisément le problème dans la suite de la négociation.

Processus n° 3 : le Transfert

Lorsque vous émettez vos paroles, celles-ci vont voyager au travers de l'espace jusqu'aux oreilles de votre interlocuteur. À cet instant, elles seront fragilisées par le bruit, la distance et les obstacles. Ici les pièges à éviter sont l'affaiblissement et la distorsion des sons qui changent votre message.

Processus n° 4 : la Réception

Pendant de l'Émission, la réception est le processus par lequel votre interlocuteur va recevoir votre message. Et, de même que vous pouvez avoir un défaut de prononciation, il peut être partiellement sourd, de même que vous pouvez avoir un morceau de pain dans la bouche, il peut avoir un casque de moto ou de musique sur les oreilles. Dans ces conditions, le message n'est pas perçu par votre vis-à-vis comme vous l'auriez souhaité. Là encore, vous n'en savez rien !

Un autre facteur qui peut venir troubler la bonne réception de votre message est la distraction ou le désintérêt de votre interlocuteur. Si ce dernier n'est pas concentré sur ce que vous lui dites, le risque de mésentente n'en est que plus grand. Charge à vous de capter son attention en variant le ton de votre voix, en utilisant tout l'arsenal de la communication non verbale et, bien sûr, en insistant sur le fond de votre message.

Processus n° 5 : le Décodage

Par ce processus votre interlocuteur va se construire une idée à partir des sons qui lui seront parvenus. À cet instant, toute sa subjectivité va jouer. Cette phase est le lieu de tous les fantasmes, interprétations et *a priori*. Reprenons notre exemple « hier, je suis allé acheter des lunettes », même en supposant que la phrase est parvenue intacte aux oreilles de votre vis-à-vis, celui-ci va imaginer la scène sans avoir de plus amples détails. Certains penseront à des lunettes de soleil, d'autres à des verres correcteurs ; certains penseront à un opticien, d'autres à un magasin de sport… Au final, la chance pour que son idée corresponde à votre idée de départ est faible laissant une large place aux malentendus et incompréhensions.

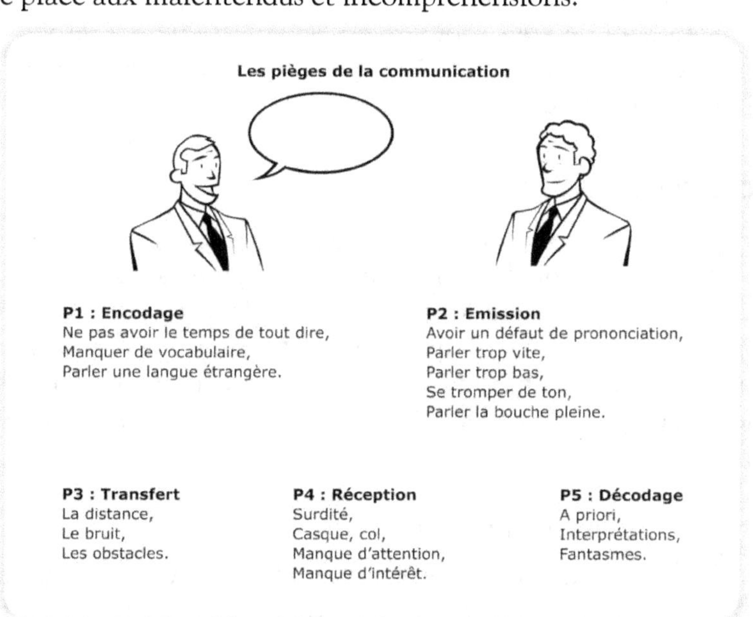

Communiquer de manière efficace, notamment pour une négociation, c'est prendre conscience de l'existence de tous ces pièges et envoyer un message clair. Toutefois, prendre toutes les précautions pour éviter ces embûches ne suffit pas. Vous pouvez être très fier de la manière dont vous formalisez votre message sans pour autant faire de la bonne communication. C'est ce que j'exprime lorsque je dis : « informer, c'est mettre en forme ; communiquer, c'est mettre en commun ». Un message clair, bien structuré, c'est de l'information. Un message compris, dont le contenu est partagé par votre interlocuteur et qui aboutit à une même idée, c'est de la communication. Dès lors, les questions qui se posent sont : « Comment faire pour s'assurer que les idées sont bien communes aux deux interlocuteurs ? Comment passer de l'information à la communication ? ».

Pour communiquer, il faut être deux. Si votre interlocuteur reste passif, vous ne pourrez que l'informer. Ce n'est que parce que vous lui demanderez de vous écouter activement et que, en retour, vous l'écouterez de la même manière, que vous pourrez développer une véritable communication efficace.

L'Écoute Active

Pratiquer l'Écoute Active c'est tout d'abord prendre conscience que l'on n'écoute pas quelqu'un comme on écoute la radio. Lorsqu'il s'agit d'une communication humaine, à double sens, la manière dont on écoute est aussi importante que la manière dont on parle. Concrètement, pour pratiquer l'Écoute Active il suffit de suivre trois règles que j'ai compilées dans la formule mnémotechnique suivante : $E = mc^2$.

E comme : j'Écoute

Évidemment, pour pratiquer l'Écoute Active, il faut commencer par écouter. Et lorsque je dis cela, je veux surtout dire écouter jusqu'au bout, sans couper la parole. Vous savez, ô combien, cela est difficile lors d'une négociation ! La tentation de répondre à un argument, de devancer une proposition ou de vous défendre peut aller à l'encontre de cette simple règle de politesse. Au-delà même de la correction, couper la parole c'est se priver d'un complément d'information et, de plus, c'est montrer à l'interlocuteur que l'on ne l'écoute pas.

M comme : je <u>M</u>ontre que j'écoute

En négociation comme ailleurs, parler à quelqu'un sans savoir s'il écoute vraiment est générateur de stress et source de conflit. Pratiquer l'Écoute Active c'est développer les comportements qui rassurent votre interlocuteur sur le fait que vous êtes totalement avec lui et concentré sur son message :

- prenez des notes ;
- regardez-le dans les yeux ;
- hochez la tête de temps en temps et acquiescez.

Astuce

Lorsque vous sentez, grâce à son intonation ou à l'emploi de silences, que votre interlocuteur délivre un message particulièrement important pour lui, appliquez-vous à prendre des notes. Et même, soulignez ou encadrez des mots clés de manière ostensible. Ainsi, vous renverrez le fait que vous avez compris que le message est important pour votre vis-à-vis et, dès lors, il le devient pour vous. Vous valoriserez votre interlocuteur et ce qu'il vous dit, baisserez son niveau de stress et augmenterez la confiance qu'il vous porte.

C^2 comme : je montre que j'ai <u>C</u>ompris, je montre jusqu'où j'ai <u>C</u>ompris

Plus important que de rassurer votre interlocuteur sur votre capacité à l'écouter, il vous faudra aussi le rassurer sur vote capacité à le comprendre. Pour cela, utilisez la reformulation et le questionnement. Voici quelques exemples :

- Si je vous ai bien compris, vous me dites que…
- Lorsque vous dites que vous êtes allé acheter des lunettes, dois-je comprendre qu'il s'agit de lunettes de vue ?
- Pouvez-vous préciser votre pensée, j'ai peur de ne pas tout saisir ?

Fiche pratique
La formule magique de l'Écoute Active : E = mc^2

1. E comme : j'<u>É</u>coute

➔ *jusqu'au bout ;*

➔ *sans couper la parole.*

2. M comme : je <u>M</u>ontre que j'écoute

➔ *en prenant des notes ;*

➔ *en regardant l'interlocuteur dans les yeux ;*

➔ *en hochant la tête et en acquiesçant.*

3. C^2 comme : je montre que j'ai <u>C</u>ompris, je montre jusqu'où j'ai <u>C</u>ompris

➔ *en utilisant la reformulation ;*

➔ *en questionnant.*

Chapitre 14

Le négociateur est assertif, il sait demander, refuser et être dur sans créer de conflit

Dans ce chapitre, vous apprendrez à :
- ✔ *demander et obtenir ce que vous voulez sans créer de conflit ;*
- ✔ *vous montrer dur sur le fond et doux avec les personnes.*

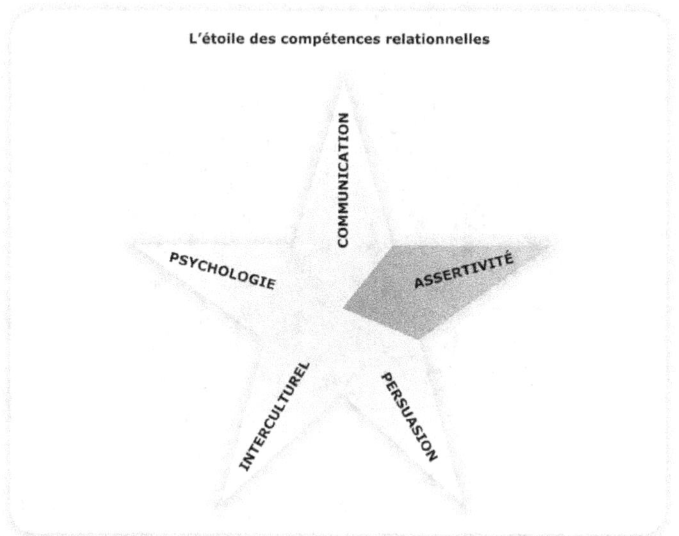

Le conflit d'intérêts est à la base de la négociation. En effet, dans la majeure partie des cas, un des protagonistes cherche à gagner quelque chose que son vis-à-vis ne veut ou ne peut pas lui donner. Le

« non » est donc au centre des débats. La difficulté est de concilier cette opposition sur le fond avec une forme qui sert les échanges et l'avancement des discussions. Pour réussir ce grand écart il existe un comportement approprié : il s'agit de l'assertivité.

Pratiquer l'assertivité c'est avant tout faire la différence entre le problème posé par la négociation et les négociateurs. C'est ne pas considérer votre vis-à-vis comme un problème mais comme une solution. Il y a le problème, sur la table entre les négociateurs et chacun d'eux peut représenter la solution pour l'autre.

Si vous échouez à faire cette différence, plutôt que d'attaquer le problème, vous allez attaquer l'autre négociateur. Concrètement cela se traduira par un comportement agressif, un ton qui monte, un non respect du temps de parole… Votre vis-à-vis, se sentant agressé, aura tendance à riposter et à vous attaquer en retour. Le conflit relationnel pourra alors s'installer tranquillement sans que ni l'un, ni l'autre des négociateurs ne songe à régler le problème sur la table plutôt que ses comptes personnels. Chacun dirigera son énergie vers son interlocuteur en évitant soigneusement de traiter le différend.

Le comportement attendu d'un bon négociateur, que l'on nomme « assertivité », est à l'opposé de cela. Il consiste à ne pas attaquer l'interlocuteur mais au contraire à coopérer avec lui dans le but de combiner son énergie et sa compétence à la sienne et à attaquer ainsi le problème conjointement.

Les principes de l'assertivité

Avant d'être un comportement appris, l'assertivité est un état d'esprit qui se nourrit de cinq principes :

* vous avez le droit de penser ce que vous pensez ;
* vous avez le droit de dire ce que vous pensez ;
* vous avez le droit de vouloir ce que vous voulez et de refuser ce que vous ne voulez pas ;
* vous avez le droit au respect de qui vous êtes, de ce que vous dites et de ce que vous demandez ;
* votre interlocuteur a les mêmes droits que vous.

En quelques mots, si ce que vous pensez est légitime, il n'y a pas de raison pour que vous ne puissiez pas l'exprimer et si ce que vous voulez est légitime, vous pouvez en faire la demande.

Les cinq fondements du comportement assertif

Parlez à la forme objective

Plus vous pourrez appuyer votre discours sur des faits incontestables, des documents écrits et des critères objectifs, plus vous communiquerez de façon saine et non émotive.

Ne parlez pas à la place de votre interlocuteur

Restez concentré sur ce qui vous préoccupe sans tenter de vous mettre à la place de votre vis-à-vis. Tant que vous parlez de vous, de ce que vous ressentez, de ce que vous voulez et de ce que vous ne voulez pas, personne ne pourra venir vous contredire.

Soyez direct dans vos demandes

Exprimez toutes vos demandes de manière directe, sans faire de détours ou prendre des gants. Puisqu'elles sont légitimes vos exigences doivent être faciles à exprimer. Plus vous serez capable d'aborder les sujets qui fâchent simplement et franchement, plus vous donnerez de crédibilité et de poids à vos demandes. Utilisez des expressions comme :

- Il me faut…
- Je dois obtenir…
- Je ne peux pas me satisfaire de moins de…

Acceptez et refusez sans équivoque

Dites « oui » lorsque vous êtes d'accord et « non » lorsque vous ne l'êtes pas. Là encore, plus vous prendrez de gants moins vous affirmerez votre position et moins elle sera crédible. Préférez « c'est impossible » à « ça va être difficile » que l'on entend encore trop souvent, ou encore « je suis d'accord pour… » plutôt que « on pourrait envisager de… ».

Exprimez vos sentiments

Il est important que votre interlocuteur sache dans quel état d'esprit vous vous trouvez, particulièrement lorsqu'il est la cause de ces sentiments. Il est bon de savoir dire, avec distance et sans agression :

- Je suis furieux de votre prise de position.
- Votre décision me met dans l'embarras.
- Votre comportement est inacceptable.

S'entraîner à être plus assertif

Face à un conflit, quatre comportements sont envisageables :

- l'attaque par l'agressivité ;
- la fuite par la passivité ;
- le contournement par la ruse ;
- la prise en compte et le traitement par l'assertivité.

Les trois premiers sont des comportements naturels, innés, que l'on retrouve même chez les plus petits et chez les animaux. L'assertivité est un comportement appris, travaillé. Rien ne s'oppose donc à ce que vous puissiez vous entraîner pour être de plus en plus performant.

Commencez par vous entraîner à formuler vos demandes de manière directe, mais sans aucune agressivité.

De plus en plus difficile

À la pâtisserie, demandez un macaron puis, une fois que la vendeuse en a pris un pour vous le donner, demandez-lui de l'échanger contre un autre, le plus gros de la vitrine. Le tout avec un sourire, un ton de voix sympathique et assuré, et des mots directs et fermes.

Au supermarché, demandez aux personnes qui sont devant vous dans la queue de vous laisser passer. Bien entendu, la demande devra suffire à elle-même sans que vous ayez besoin de vous justifier ou d'argumenter.

Une fois cette étape franchie, habituez-vous à demander des réductions dans les magasins ou encore à ce qu'on vous change une bouteille de vin bouchonnée au restaurant.

Enfin, vous pourrez vous exercer à des défis plus difficiles : par exemple, demander à être surclassé gratuitement lorsque vous prenez l'avion ou lorsque vous louez une voiture.

À chaque fois, vous serez surpris de ce qu'un ton assuré, une demande franche et un large sourire, peuvent faire. Vous obtiendrez beaucoup plus que ce que vous ne l'imaginez en lisant ces lignes.

Une fois ces simples demandes maîtrisées par l'assertivité, il vous faudra pratiquer en conditions réellement conflictuelles, puis en négociation. Appliquez-vous à toujours rester ferme sur le fond de ce que vous voulez et de ce que vous ne voulez pas, tout en étant doux avec votre interlocuteur. Ne sombrez pas dans l'agressivité mais soyez franc et direct. Avec l'habitude, vous verrez qu'il s'agit d'un art subtil mais terriblement efficace pour gagner en pouvoir de persuasion et pour obtenir plus d'autrui.

Chapitre 15

Le négociateur est persuasif, il sait faire accepter son point de vue et ses propositions

Dans ce chapitre, vous apprendrez à :
✔ *développer votre pouvoir de persuasion ;*
✔ *maîtriser les techniques d'argumentation ;*
✔ *augmenter votre influence sur votre adversaire.*

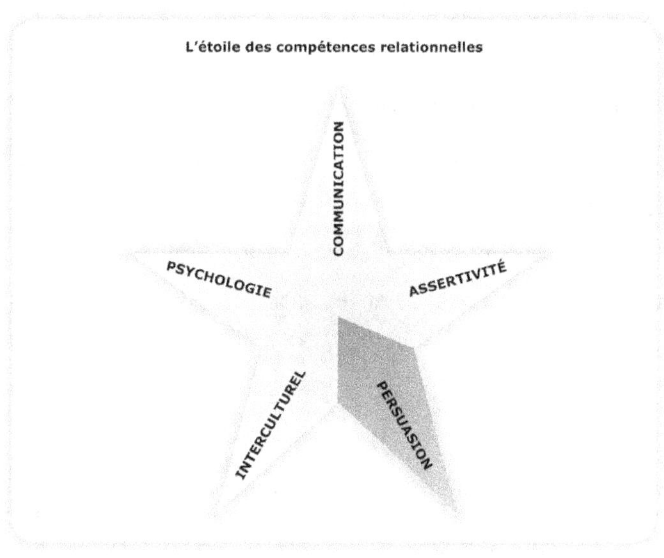

J'ai déjà évoqué ce point : la négociation est art très peu argumentatif. Là où le vendeur cherche à faire crouler son client sous le poids de ses arguments, le négociateur, lui, cherchera un seul argument, définitif. La phase de recherche des objectifs réels est là pour vous permettre de trouver cet argument de poids. Les techniques que vous allez apprendre dans ce chapitre servent à tirer le meilleur profit de chaque argument pour amener votre interlocuteur à accepter vos propositions.

Soyez convaincu pour mieux convaincre

Le premier levier que vous allez utiliser pour convaincre votre interlocuteur est votre propre conviction. Si vous êtes capable de porter votre message de l'intérieur parce que vous-même y croyez, votre vis-à-vis le sentira et y accordera d'autant plus de poids. À l'inverse, si vous ne croyez pas en vos propositions, cela se verra tôt ou tard et ôtera tout crédit à vos propos.

Libérez-vous des croyances dépréciatrices

De nombreux négociateurs entament le face-à-face en pensant :

- Ça ne marchera pas, il ne voudra jamais.
- Il ne peut pas accepter ça, il peut trouver mieux ailleurs.
- Mon produit n'est pas bon et le marketing ne fait pas son travail.
- J'ai tellement de concurrents que je suis en position de faiblesse.
- Mon équipe ne voudra jamais de ce changement, ils vont résister…

Ces phrases, et des centaines d'autres, sont des croyances dépréciatrices. Elles constituent des *a priori* et, même si elles reposent sur un fond de vérité, sont toujours exagérées. Les avoir présentes à l'esprit au moment de négocier influera sur votre comportement. Vous serez enclin à mieux comprendre et accepter les objections de votre vis-à-vis et votre langage corporel trahira le peu de confiance que vous avez en vous-même.

À l'inverse, rechercher, développer et vous appuyer sur vos points forts, les aspects positifs de votre situation et de vos propositions, vous donnera force et pouvoir de persuasion.

Focalisez-vous sur les pressions qui pèsent sur l'autre partie

Il est dans la nature humaine de plus se focaliser sur les pressions qui pèsent sur soi que sur celles qui pèsent sur l'interlocuteur. En d'autres termes vous avez, comme tout le monde, plus tendance à vous appesantir sur vos problèmes qu'à tenter d'identifier et de comprendre ceux de l'autre partie. Cette attitude conduirait à penser que vous êtes systématiquement en position de faiblesse, qu'il n'y a rien que vous puissiez faire et que cette négociation, comme les autres, est vouée à l'échec. La plupart du temps, lorsque je commence un séminaire de formation à la négociation chez un de mes clients, il y a toujours une ou deux personnes dans la salle pour me dire : « Ma situation est spéciale vous savez, j'ai beaucoup de concurrence, mes clients sont très durs, ils ont le pouvoir de négociation, si je n'accède pas à toutes leurs demandes ils achèteront ailleurs, mes produits n'ont rien d'exceptionnel, je suis plus cher que le marché, ils ont le pouvoir de me déréférencer… » Je les appelle Monsieur ou Madame « oui mais », car à chaque fois que je leur donne un outil de négociation, comme les curseurs, ou une méthode, comme la matrice des stratégies, ils lèvent la main, commencent leur phrase par « oui mais » et tentent de m'expliquer que mes apports fonctionnent pour tout le monde, sauf justement pour eux dont la situation est si particulière.

Je suis même prêt à prendre le pari que vous aussi, à la lecture des précédents chapitres vous vous êtes dit au moins une fois, au détour d'une règle d'or ou d'un conseil : « Ça ne marchera jamais pour moi, ma situation est trop complexe ». Je veux vous rassurer comme je rassure tous les Monsieur et Madame « oui mais » de mes séminaires. C'est certainement vrai que votre situation de négociation est difficile, elles le sont toutes. C'est aussi vrai pour votre interlocuteur : lui aussi a des pressions en interne, des objectifs à atteindre. Identifiez ces pressions, demandez-vous en quoi sa situation aussi est difficile, quels sont ses problèmes. Ainsi, vous pourrez mettre en perspective les pressions qui pèsent sur vous et celles qui pèsent sur lui, et changer votre état d'esprit pour aborder cette négociation.

Personnalisez votre argumentation en l'orientant sur les bénéfices

Définitions
Les caractéristiques d'un produit ou d'une proposition en négociation sont les critères constitutifs mesurables de cette offre : prix, volumes, poids, fonctionnalités, délais de paiement...

Exemple : le TGV roule à 300 km/h
Les avantages sont ce que cette offre apporte à tous ses utilisateurs. Quelle que soit la personne avec laquelle vous négociez, votre offre produit les mêmes effets, procure les mêmes avantages.

Exemple : le TGV relie Lille à Paris en 1 heure
Les bénéfices sont ce que votre proposition de négociation apporte à votre vis-à-vis en particulier. Un peu comme un avantage unique et personnel.

Exemple *: un commercial qui vient d'être muté de Lille à Paris tente de négocier une augmentation de salaire pour pallier la différence du coût de l'immobilier. Son patron lui répond « plutôt que d'augmenter ton salaire, je te propose de continuer à habiter Lille, de profiter du TGV pour faire les allers-retours tous les jours et je finance, pour moitié, tes frais de transport ».*

Commencer à argumenter par les bénéfices c'est faire ressortir, tout de suite, ce que par cette négociation votre interlocuteur peut obtenir, qui l'intéresse vraiment du point de vue personnel. C'est aussi montrer que vous l'avez écouté, compris, que vous avez saisi le caractère particulier de sa situation ou de sa demande, et que vous y répondez. Argumenter d'abord par les bénéfices, puis par les avantages et enfin par les caractéristiques, c'est personnaliser votre démarche en l'adaptant à la réalité de votre vis-à-vis. Bénéfices, Avantages, Caractéristiques : passez le BAC d'abord !

Forcez votre interlocuteur à s'engager dans ses réponses

On ne peut pas convaincre un négociateur, mais on peut créer les conditions dans lesquelles il se convainc lui-même. Pour y parvenir, on peut utiliser un principe tout droit issu de la psychologie sociale, le principe d'engagement-cohérence.

Prendre les devants

Jeune professionnel, je cherchais un deux-pièces à louer à Paris. J'avais trouvé, par le biais d'une annonce entre particuliers, une proposition qui me semblait idéale. À ma grande surprise, lorsque j'arrivais sur les lieux, au moins trente autres jeunes hommes et femmes attendaient déjà dans la cage d'escalier, leur dossier de location sous le bras. Mes revenus étaient suffisants pour couvrir largement le paiement des loyers, mes parents s'étaient portés volontaires pour m'apporter leur caution mais finalement combien, parmi mes concurrents à la location, auraient eux aussi de tels arguments ? Il était même probable que parmi toutes ces personnes qui attendaient dans l'escalier, quelques-unes auraient un meilleur dossier que le mien. La seule force qui pouvait jouer en ma faveur était le fait que, voyageant beaucoup pour faire des formations à l'étranger, mon temps d'occupation effectif de l'appartement serait assez faible. Je décidais de forcer le destin et de jouer cette carte pour éliminer mes concurrents.

Les visites se faisaient deux par deux, étaient limitées à 5 minutes et étaient orchestrées par les propriétaires, un couple de 55 ans environ. Je savais qu'ils auraient des questions à me poser sur ma profession, mon état civil et sur mes projets à moyen terme. Plutôt que d'attendre qu'ils me demandent ces informations, j'ai pris les devants :

– C'est un très joli bien immobilier que vous avez là, il est dans votre famille depuis longtemps ?

– Oui, il nous vient de mes parents.

– Ça doit être beaucoup d'entretien pour le garder dans un tel état ?

– Ne m'en parlez pas ! Il y a toujours quelque chose à faire, à fixer à remplacer…

– Oui et ça dépend aussi beaucoup du locataire j'imagine…

– Tout à fait, c'est pourquoi nous cherchons quelqu'un de calme, d'ordonné et surtout qui n'organise pas des fêtes à tout bout de champ. Sans compter que les voisins du dessus sont assez pointilleux sur le silence et leur tranquillité.

– Cela veut dire que dans vos critères de choix, en plus du revenu et des garanties, vous allez privilégier la candidature d'un locataire qui respecte les lieux et le voisinage ?

– Oui, mais c'est toujours difficile d'avoir des certitudes en la matière. Les gens vous disent toujours que ça se passera bien et après…

– En somme, il vous faudrait un locataire qui soit en mesure de vous rassurer sur son mode de vie.

C'est à ce moment-là que j'ai sorti une feuille de salaire sur laquelle était mentionné le métier de « formateur à l'international ». J'ai expliqué que, plus qu'un appartement, je cherchais surtout un pied-à-terre à Paris qui me servirait entre deux déplacements à l'étranger.

J'ai laissé aux propriétaires mon dossier et une carte de visite mentionnant que ma société était implantée à Londres, Paris et Berlin.

Le lendemain, un coup de téléphone m'annonçait que j'étais choisi pour pouvoir occuper le deux-pièces.

Cette anecdote illustre bien le principe dont je vais vous parler maintenant : le principe d'engagement-cohérence.

Définition

Toute expression d'opinion engage son auteur en ce sens qu'il aura tendance à faire en sorte que ses actes futurs soient en cohérence avec cette opinion émise.

Une fois que les propriétaires ont librement exprimé une opinion (« nous cherchons un locataire calme, ordonné et silencieux et qui peut nous rassurer sur ces critères ») leur action future (choix d'un candidat) ne peut se faire qu'en cohérence avec cette opinion. Le fait que l'engagement ait été pris en public, et tout particulièrement devant l'intéressé (moi), ne fait qu'augmenter sa force.

Identifiez toutes les opinions exprimables qui vous sont favorables

Avant de tenter de convaincre par la technique de l'engagement-cohérence, faites la liste de tout ce que votre interlocuteur pourrait dire qui vous arrangerait bien : c'est-à-dire qui irait exactement dans le sens de votre future proposition de négociation.

Exemples

➤ *Proposition de négociation : me choisir comme locataire.*

● *Opinion à faire exprimer : « je cherche un locataire qui soit rarement là ».*

➤ *Proposition de négociation : vendre un séjour aux Seychelles.*

● *Opinion à faire exprimer : « la solution idéale c'est de partir au soleil ».*

➤ *Proposition de négociation : vendre un contrat de location longue durée plutôt qu'une automobile.*

● *Opinion à faire exprimer : « ce n'est pas le meilleur moment d'acheter une voiture pour moi, mais j'en ai besoin pour aller travailler ».*

Vous savez que si vous amenez votre interlocuteur à exprimer ces opinions, vous aurez les arguments qui y correspondent et votre interlocuteur, en recherche d'actions cohérentes, ne pourra que vous donner raison et aller dans votre sens.

Rédigez les questions dont la réponse logique est une de ces opinions favorables

- *Quel est le locataire idéal du point de vue de la tranquillité de l'immeuble et de la préservation de l'appartement ?*
- *Quelles seraient pour vous les destinations qui permettent de sortir de la grisaille parisienne et du froid de l'hiver ?*
- *Que pensez-vous de l'investissement nécessaire lorsque l'on veut acheter une voiture ?*

Vous ne pouvez jamais être sûr à 100 % que votre interlocuteur réponde exactement ce que vous voulez entendre. Prévoyez plusieurs questions pour la même réponse afin d'assurer le coup.

Pensez à la stratégie de questionnement amont qui vous amène logiquement à cette dernière question

- *Vous souhaitez partir en vacances en février, pourquoi avez-vous choisi cette période ?*
- *Vous habitez une grande ville, pour vos vacances voulez-vous un changement ?*
- *Pour sortir de l'hiver et du train-train du travail, beaucoup de gens souhaitent faire un vrai break et s'offrir du dépaysement, qu'en pensez-vous ?*

L'idée qui est à la base de l'utilisation du principe d'engagement-cohérence est de faire une découverte orientée des objectifs réels. Plutôt que de poser les questions honnêtement, dans un esprit d'ouverture et de compréhension, vous les poserez de manière orientée de sorte que l'interlocuteur vous réponde ce que vous avez préparé et que vous souhaitez entendre.

Préparez les propositions correspondant aux opinions que votre vis-à-vis va exprimer

Une fois que votre interlocuteur se sera engagé en exprimant librement des opinions, il ne pourra qu'être cohérent et accepter les propositions qui correspondent :

« Vous souhaitez partir en vacances en février, pourquoi avez-vous choisi cette période ?

— Nous aimons bien partir au milieu de l'hiver, ça fait une coupure dans cette période grise et froide.

— Vous habitez une grande ville, pour vos vacances voulez-vous un changement ?

— Oui bien sûr, nous n'avons pas envie de nous enfermer entre les immeubles, les voitures et la pollution !

— Pour sortir de l'hiver et du train-train du travail, beaucoup de gens souhaitent faire un vrai break et s'offrir du dépaysement, qu'en pensez-vous ?

— C'est aussi ce que nous cherchons, une destination qui nous change de notre quotidien.

— Quelles seraient pour vous les destinations qui permettent de sortir de la grisaille parisienne et du froid de l'hiver ?

— La solution idéale, c'est de partir au soleil.

— Vous avez raison et dans ce cas, je vous propose un voyage d'une semaine aux Seychelles, là où il fait toujours beau et chaud. »

Ce second exemple d'utilisation du principe d'engagement-cohérence montre bien que la liberté dont jouit notre interlocuteur dans ses réponses n'est que théorique. En pratique, toutes les questions sont orientées, les réponses tellement logiques qu'elles sont presque forcées et qu'elles entraînent d'autres questions tout aussi logiques. Il semble que l'interlocuteur choisit librement l'opinion qu'il exprime mais en fait il est le jouet de notre stratégie de questionnement. Une fois qu'il s'est engagé dans notre voie, il est dans un entonnoir qui le conduit inévitablement à accepter l'offre que nous lui faisons. C'est cela la véritable puissance de conviction que produit le principe d'engagement-cohérence.

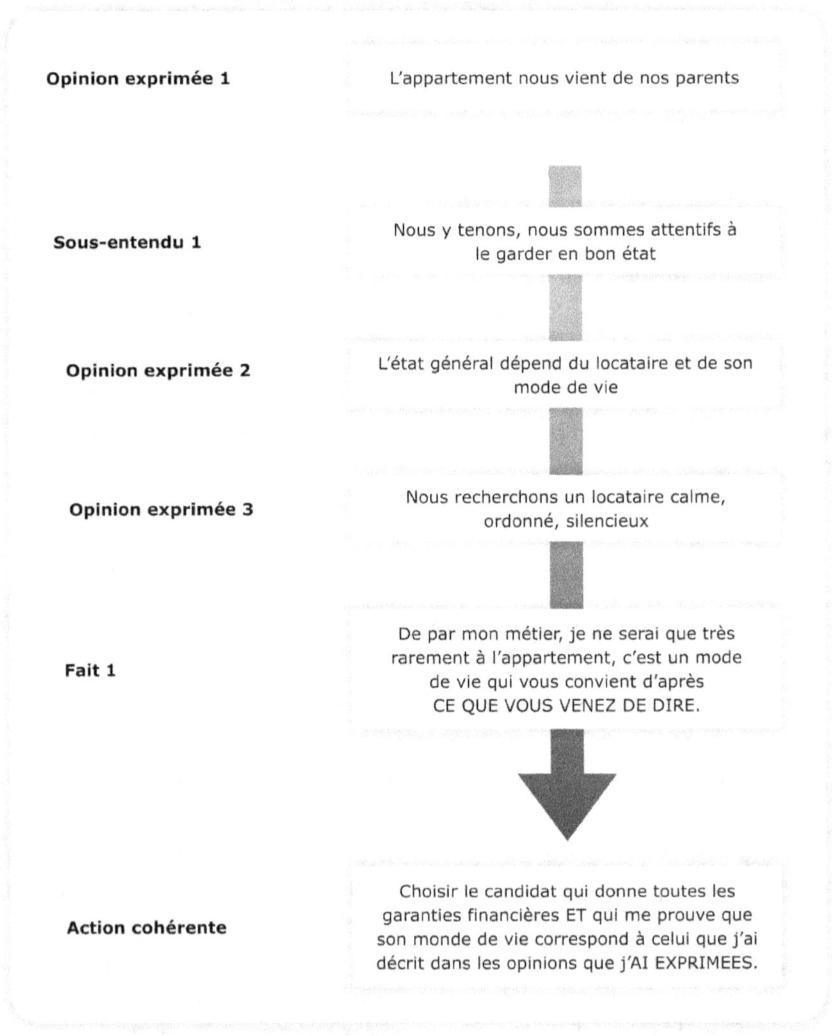

Chapitre 16

Le négociateur est psychologue, il sait exploiter les forces et faiblesses de son interlocuteur

Dans ce chapitre vous apprendrez à :

✔ *reconnaître chaque profil de négociateur ;*
✔ *identifier les forces et faiblesses de chaque profil dont le vôtre ;*
✔ *vous adapter à chaque interlocuteur pour développer votre pouvoir de persuasion.*

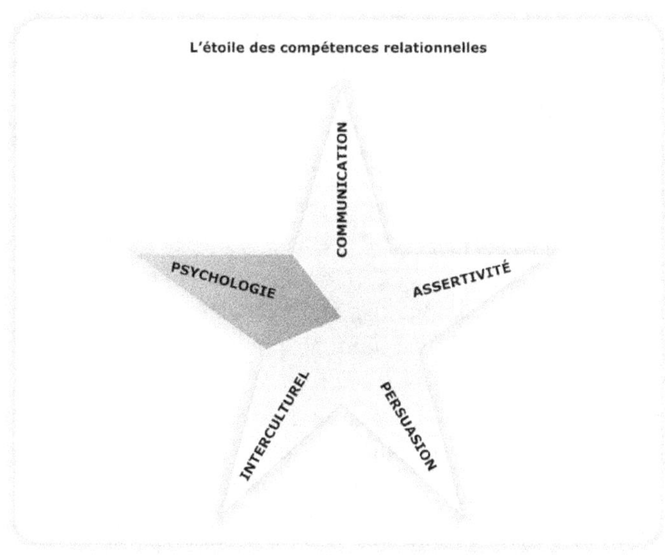

Tous les négociateurs sont différents, je veux dire par là que leur psychologie est différente. Ils ne réagissent pas de la même manière aux mêmes situations, ni aux arguments, ni à la pression… De même, sans que vous puissiez dire pourquoi, il y a des personnalités avec lesquelles vous vous entendez particulièrement bien et d'autres avec qui le courant ne passe pas. Bien entendu, il vous est plus difficile d'obtenir ce que vous voulez de cette seconde catégorie de personnes. Connaître le profil interne de votre vis-à-vis vous aidera à :

- éviter les erreurs grossières de communication ;
- faire passer le courant avec tout le monde ;
- choisir les arguments qui impactent, au plus profond, votre interlocuteur ;
- présenter votre négociation de la manière la mieux adaptée à sa propre psychologie ;
- exploiter ses faiblesses et éviter ses forces.

Emmanuel Coste dirige, à Londres, un cabinet de conseil en mise en place de logiciels de gestion de la relation-client. Nous avons eu l'occasion d'animer des formations ensemble et partageons la même vision de la pratique de la négociation.

« Du point de vue professionnel, les négociations que je mène se partagent entre les négociations commerciales pures pour remporter de nouvelles missions chez nos clients, et les négociations, dans le cadre de chaque projet, avec les personnes concernées afin de leur faire accepter les changements que nous implémentons. En effet, pour mettre en place une nouvelle solution, il faut convaincre à tous les niveaux. Cela commence par l'équipe de direction locale pour s'étendre progressivement aux utilisateurs et collaborateurs plus opérationnels.

J'insiste toujours sur l'effort constant d'appréhender chaque personne que je rencontre dans son individualité, avec patience et humilité. Faire des présuppositions est l'une des choses qui coûtent le plus cher en négociation. Je m'oblige à être flexible en permanence dans ma communication : un manager général ne se convainc pas de la même façon qu'un chef d'équipe, un vendeur ou un télé-opérateur. La clé de ma réussite est d'être sincèrement curieux, intéressé et émerveillé par l'unicité des personnes à qui je parle. Je les prends toujours et les apprécie pour ce qu'elles sont. »

Repérer le profil psychologique de votre interlocuteur et vous y adapter n'est pas une mince affaire. Pour réussir dans cette tâche difficile, je vous propose une méthodologie. Elle vous permettra, en quelques observations simples, d'identifier le comportement de votre vis-à-vis et de vous y adapter.

Les six profils de négociateurs

Toutes les personnalités sont différentes et il y a un côté très présomptueux à vouloir les faire toutes rentrer dans six boîtes seulement. Certains lecteurs pourront être choqués par une telle démarche, je comprendrais leur réaction et leur présente par avance toutes mes excuses. Toutefois, la méthode que je vais présenter est très utile et donne d'excellents résultats, pour peu que l'on sache passer outre la répulsion initiale et se focaliser sur certains traits de personnalité sans donner à la méthode de portée universelle. Je vous engage donc à suivre mon raisonnement sur les personnalités des négociateurs et vous y trouverez de nombreux atouts pour vos négociations futures.

Les trois points d'appui des négociateurs

Vous avez eu l'occasion de vous en apercevoir, la négociation est une activité éminemment humaine. Chacun entre dans le face-à-face avec sa personnalité et sa sensibilité. Certains y verront l'occasion de progresser, de gagner, d'obtenir des résultats ou encore de rabaisser leur interlocuteur. Pour d'autres, ce sera l'occasion d'échanger, de palabrer, de briller, voire de se faire aimer. D'autres encore en profiteront pour montrer leur sens du partage, de l'équilibre, de la pondération, leur sagesse dans la recherche d'un accord équitable.

Toutes ces personnalités existent et vous les rencontrerez, ainsi que d'autres. Toutes ces différences viennent du fait qu'il existe trois points d'appui distincts. Ils sont ce dont se servent les négociateurs pour obtenir les résultats qu'ils recherchent, ce sur quoi ils s'appuient, leur force psychologique et profonde. Les trois points d'appui sont :

- le sens stratégique ;
- le sens relationnel ;
- le sens de l'équité.

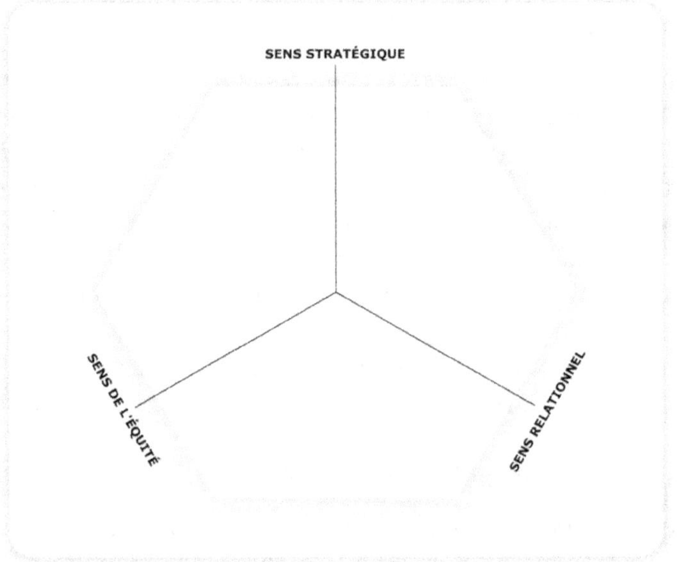

Le sens stratégique

Le sens stratégique est la partie de votre personnalité qui est orientée vers les résultats, la réflexion, le combat. C'est l'aspect froid et calculateur de vos négociations.

Ce sens fait appel à votre capacité à :

* vous fixer des objectifs ambitieux ;
* vouloir gagner ;
* mesurer des enjeux ;
* identifier les objectifs de votre vis-à-vis ;
* réfléchir à moyen et long termes ;
* calculer les gains et pertes potentiels ;
* gérer la pression ;
* gérer le temps ;
* prendre de la distance par rapport à l'objet de la négociation.

Vous reconnaissez-vous dans ce sens stratégique ? Y voyez-vous des capacités que vous exprimez pleinement ?

Le sens relationnel

Le sens relationnel est la partie de votre personnalité qui est orientée vers l'interlocuteur et le rapport que vous entretenez avec lui. C'est l'aspect chaud de vos négociations.

Ce sens fait appel à votre capacité à :

* entrer en contact facilement avec les gens ;
* plaire, séduire, faire rire ;
* vous montrer sympathique ;
* pratiquer l'empathie ;
* bien communiquer, être clair et convaincant ;
* trouver les mots justes et jouer sur le ton de votre voix pour maximiser l'impact de vos messages ;
* vous adapter à vos interlocuteurs et vous faire apprécier de tous ;
* inspirer la confiance, mettre votre interlocuteur à l'aise.

Peut-être ce deuxième sens vous correspond-il mieux que le premier ?

Le sens de l'équité

Le sens de l'équité est la partie de votre personnalité orientée sur la notion de bien et de mal, de justice et de sagesse.

Ce sens fait appel à votre capacité à :

- écouter votre interlocuteur ;
- vous mettre à sa place ;
- trouver un accord gagnant-gagnant ;
- lui permettre de sauver la face ;
- vous montrer sage et raisonnable ;
- vous montrer juste et équitable ;
- pondérer vos propositions et mesurer vos paroles.

Est-ce vous dont je parle ? Connaissez-vous des négociateurs qui s'appuient particulièrement sur leur sens de l'équité pour trouver une issue aux conflits ?

Bien entendu, les trois points d'appui sont présents en chacun de nous, mais dans des proportions qui diffèrent. Certains négociateurs sont plus stratèges, d'autres plus relationnels, et d'autres encore plus équitables dans leur approche. Ce sont ces différences qui me permettent maintenant de décrire six profils. En fonction de la manière dont les trois points d'appui s'expriment chez une personne, on peut classer celle-ci dans un des six profils suivants.

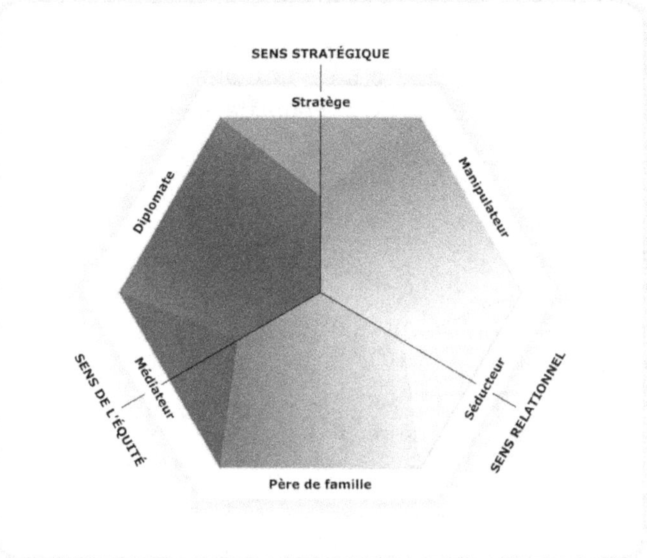

Vue d'ensemble des six profils

Avant de rentrer dans le détail des profils, je vous propose de vous familiariser avec ce qui les différencie.

Les stratèges

Les stratèges sont les personnes pour qui le point d'appui essentiel est, sans surprise, le sens stratégique. Ce sont les négociateurs durs et froids. Sans pitié ni scrupules, ils cherchent à maximiser leurs gains. Ils ont une vision calculatrice et à long terme de la négociation, et ne s'embarrassent pas d'états d'âme. Les personnes comptent peu pour eux.

Les manipulateurs

Les manipulateurs s'appuient à la fois sur leur sens stratégique et sur leurs capacités relationnelles. Ils savent donc mobiliser, utiliser leurs interlocuteurs à des fins personnelles. Ils savent inspirer confiance et se faire apprécier, et utilisent cette capacité pour obtenir plus de leur vis-à-vis.

Les séducteurs

Les séducteurs ont un sens relationnel plus important que les autres. Ils savent à merveille se faire des amis, des alliés, et demander de telle sorte qu'il est très difficile de leur refuser. Ils utilisent leur charme et leur charisme pour vous amener à accepter ce que vous auriez refusé à une autre personne.

Les pères de famille

Les pères de famille sont à cheval entre le sens relationnel (se faire apprécier de tout le monde) et le sens de l'équité (être juste avec tout le monde). Leur style de négociation se fonde sur leur capacité à motiver et intéresser l'interlocuteur tout en le rassurant par une démarche juste et mesurée.

Les médiateurs

Les médiateurs se fondent sur leur sagesse et leur sens de l'équité. Ils rassurent leur vis-à-vis en le considérant comme un partenaire de négociation, et affirment leur volonté de parvenir à un accord de type gagnant-gagnant. Ils cherchent à ce que chaque partie trouve son compte dans un accord équilibré.

Les diplomates

Les diplomates mettent à profit leur image de justes emplis de bon sens pour servir leur cause et maximiser leur profit. Par un discours très lisse, ils amadouent l'interlocuteur pour obtenir de lui des concessions sans l'effrayer.

> *Astuce*
> *Pour vous faciliter la compréhension et la mémorisation des six profils, je vous propose, à titre d'entraînement, de citer pour chaque profil deux ou trois noms de personnes de votre entourage ou de personnalités connues.*

Le Stratège 

Comment l'impliquer dans la négociation ?

Le stratège est intéressé par le gain, l'argent, le pouvoir, la domination et la position de force. Pour l'impliquer dans une négociation il faut lui montrer ses gains potentiels. Il sera rassuré par votre capacité à faire des concessions et à lui donner ce qu'il attend de vous. Toutes vos propositions devront être formulées de manière à faire ressortir clairement ses gains quantifiables.

Restez discret sur vos propres gains. Le stratège aime gagner plus que son interlocuteur. Laissez-le toujours penser qu'il est le grand gagnant de cette négociation.

Forces et faiblesses dans la négociation

Lorsque vous négociez avec un stratège, vous devez avant tout vous méfier de sa capacité à assumer le conflit. Personne n'aime vraiment la situation de conflit mais ce type de profil sait que, dans une situation tendue, il s'en sortira toujours mieux que les autres. Dès lors, il va avoir tendance à entrer de plain-pied dans les problèmes et à pousser son interlocuteur dans ses retranchements.

L'autre grande force du stratège est son ambition et sa capacité à demander beaucoup, toujours plus, en toute assertivité. Il est généralement exigeant avec lui-même et donc exigeant avec les autres. Il part du principe que rien ne lui est impossible et tente toujours d'obtenir le maximum.

Enfin, le stratège est prévoyant et entre toujours en négociation bien préparé.

Pour ce qui est des faiblesses, je dois surtout souligner son manque de capacité à s'adapter et à sortir du schéma prévu. Si la négociation ne se déroule pas comme il l'avait imaginé, il perd vite sa base.

Par ailleurs, le stratège, en ne prenant que trop rarement en compte les aspects personnels et relationnels de la négociation, a du mal à inspirer confiance. Chacune de ses actions paraîtra suspecte aux autres profils qui se méfieront et se fermeront à la négociation.

Dernière faiblesse notoire, le stratège a des difficultés à gérer la résistance et tout particulièrement lorsqu'elle émane d'un autre stratège.

Comment négocier avec un stratège ?

Ce que le stratège redoute par-dessus tout c'est de tomber sur plus stratège que lui ! Lorsque vous devez affronter ce profil, imposez-lui votre propre rythme. Allez à l'essentiel pour vous, refusez de parler de tout sujet qui ne vous intéresse pas directement c'est-à-dire de nature à vous apporter un gain. Ne vous attardez pas sur les aspects personnels et relationnels de la négociation, soyez froid et distant.

Pour chacune de vos propositions faites ressortir les gains et les bénéfices de votre interlocuteur en insistant sur des mots tels que « argent, gagner, pouvoir, création de valeur, valeur ajoutée, intérêt pour vous… ».

Le comportement le plus utile contre un stratège est l'assertivité. Apprenez à lui dire « non » très vite et de manière ferme. Avec ce profil, allez droit au but, ne perdez pas de temps en circonvolutions polies. Demandez aussi directement que lui ce que vous voulez et refusez tout net ce que vous ne voulez pas.

Argumentez seulement sur des éléments factuels et hors de la sphère relationnelle. Parlez-lui de rapport de forces, des intérêts mutuels, des opportunités, des risques… Faites des calculs, montrez-lui que vous êtes sérieux et préparé. Ne réagissez pas personnellement aux attaques ou aux menaces. Bannissez les arguments de type « nous nous faisons confiance », « nous travaillons ensemble depuis longtemps » ou encore « faites-le pour moi » qui n'ont aucune prise pour lui et qui ne correspondent pas à sa vision de la négociation.

Reconnaître un Stratège

Il recherche      Les gains, le pouvoir, l'argent.

Il paraît      Direct, franc, honnête, clair.

Ses mots      « Je veux, je souhaite, je ne veux pas... »
« On doit, vous devez, il faudra... »
« Ecoutez-moi, écoutez ma proposition... »
« Je ne peux pas vous laisser dire que... »

Son attitude   Regard franc et direct.
Buste en avant, mains vers vous.
Parle vite, fort et beaucoup.
Pressé.

**Obtenir ce que le l'on veut
d'un Stratège**

Adopter le profil	▶	Stratège.
Insister sur	▶	La recherche des objectifs réels pour lui montrer que vous allez lui donner ce qu'il recherche vraiment. Une position ferme voire conflictuelle dans la phase des concessions. Votre volonté d'obtenir ce que vous êtes venu chercher, l'assertivité.
Ne pas faire l'erreur de	▶	Le prendre de haut. Lui montrer que vous gagnez plus que lui. Lui montrer que vous êtes meilleur négociateur. Accepter son rythme et lui céder.

Le Manipulateur 

Comment l'impliquer dans la négociation ?

Le manipulateur cherche à influencer les choix et les actions de ses interlocuteurs pour servir ses propres objectifs. Il vise un gain dans la négociation, c'est son côté « stratège » et il cherche à avoir un pouvoir de persuasion sur l'autre, c'est sa facette « séducteur ». Pour impliquer un manipulateur dans la négociation, il faut à la fois lui manifester déférence et estime, et lui faire miroiter des gains potentiels mesurables. Certains manipulateurs ne vont pas chercher à se mettre en avant et à s'enorgueillir de la flatterie que vous leur ferez. Au contraire, ils se montreront humbles, vous laisseront la place de choix et tenteront de tirer les ficelles discrètement, dans l'ombre. Ce sont les plus efficaces et les plus dangereux. Pour les prendre à leur propre piège et défendre correctement vos intérêts, acceptez la position dominante qu'ils vous proposent et restez sur vos gardes. Chacune de leurs propositions recèle probablement un piège.

Forces et faiblesses dans la négociation

Le manipulateur dispose d'un sens inné de la persuasion. Il sait parfaitement jauger son interlocuteur et comprendre son fonctionnement interne pour le mettre à profit lors du face-à-face. Son sens stratégique lui permet d'avoir toujours un ou deux coups d'avance sur son adversaire et il est lui-même très difficile à décrypter. Son peu de scrupules en fait une personne particulièrement difficile pour la négociation car il n'hésitera pas à vous utiliser, vous mentir ou à passer outre les règles les plus élémentaires de la négociation pour atteindre son objectif.

Ses principales faiblesses résident à deux niveaux :

- le premier est la faible capacité à s'inscrire dans le long terme. Le manipulateur recherche bien souvent un gain immédiat sans se soucier de l'impact négatif de sa conduite sur ses objectifs dans le temps. Il croit trop facilement en sa capacité à flouer plusieurs fois la même personne avec les mêmes techniques ;

- le second est l'obligation d'agir à couvert. Personne ne peut se présenter de manière crédible dans une négociation en disant « attention, je vais vous manipuler ». Dès lors, le manipulateur devra se faire passer soit pour un stratège, soit pour un séducteur. Dans un cas comme dans l'autre, s'il est découvert, il ne pourra plus utiliser ses astuces habituelles, devra revoir toute sa stratégie de négociation et s'aventurer sur des chemins qui ne lui sont pas familiers.

Comment négocier avec un manipulateur ?

Les deux armes favorites du manipulateur sont :

* vous faire croire qu'il s'engage par ses paroles mais, en fait, il se garde plusieurs possibilités de faire machine arrière. Pour cela, il restera vague sur les prix, les quantités, les délais, vous laissera entendre son accord mais sans le formaliser vraiment… Pour contrer cette tactique, demandez-lui toujours de quantifier et de prouver ses propos. Ne vous appuyez que sur des faits, des documents écrits et précis. Ne négociez jamais en lui faisant confiance ;

* la capacité à utiliser tout ce que vous pourrez dire et chaque détail contre vous. La moindre faille dans votre raisonnement, le moindre oubli sera mis à profit pour vous déstabiliser et vous faire perdre toute crédibilité. Pour ne pas tomber dans cette situation parlez peu. Le manipulateur se nourrit de ce que vous dites et cherchera à vous faire parler. Ne dites que ce dont vous êtes sûr. Avant chaque parole, pensez à toutes ses conséquences. À l'inverse, posez-lui toutes sortes de questions, approfondissez chacun de ses dires et placez-le devant ses contradictions et ses mensonges. Plus il essaiera de s'en sortir, plus il s'enfoncera dans une position intenable.

Pour vous séduire, le manipulateur aura besoin de temps. Plus vous le mettrez sous pression d'urgence en raccourcissant les délais de négociation, plus il perdra en efficacité.

Enfin, pour désarçonner un manipulateur, montrez-vous insensible aux aspects relationnels. Niez toute dimension humaine à la négociation pour ne pas laisser prise à ses entreprises de charme.

En conclusion, pour négocier avec un manipulateur, montrez-vous stratège.

Reconnaître un Manipulateur

Il recherche
Les gains importants.
A influencer ses interlocuteurs.
La reconnaissance comme « bon négociateur ».

Il paraît
Amical, sympathique, relationnel.
Juste et honnête.

Ses mots
« Vous pouvez avoir confiance en moi... »
« Nous allons bien nous entendre... »
« L'accord que je vous propose est conforme à vos attentes... »
« Je n'ai jamais dit ça précisément, vous avez mal compris... »
« Je ne me suis jamais engagé à... »

Son attitude
Menteur, se contredit, discours peu clair.
Ouvert, souriant, agréable.
Fait de l'humour, charme.

**Obtenir ce que le l'on veut
d'un Manipulateur**

Adopter le profil ▶ Stratège.

Insister sur ▶ La phase de recherche des objectifs réels pour identifier ses mensonges et le placer face à ses contradictions.
La formalisation et la quantification de vos objectifs.

Ne pas faire l'erreur de ▶ Rentrer sans son jeu, le croire.
Faire ami-ami.
Faire des concessions pour lui faire plaisir ou parce qu'il est sympathique.
De ne pas oser lui demander de faire des concessions pour ne pas le froisser.

Le Séducteur

Comment l'impliquer dans la négociation ?

Pour impliquer un séducteur dans la négociation il faut le prendre à son propre piège en lui montrant que vous placez sa personne au centre de vos préoccupations. Usez de flatterie, non pas sur ce qu'il fait ou qu'il a accompli, mais sur qui il est. Gardez en tête que, pour le séducteur, ce qui compte le plus, ce sont les aspects relationnels de la négociation. Parfois même, plus que le résultat final.

Pour l'impliquer dans la négociation, faites-lui comprendre que vous l'avez choisi, lui, pour négocier avec vous, que vous prenez plaisir à traiter avec lui. Insistez sur la durée de la relation qui vous lie s'il y a lieu. Parlez de la confiance mutuelle qui existe entre vous et de la facilité que vous avez à vous comprendre. En clair, montrez-vous sensible à sa personne.

Forces et faiblesses dans la négociation

La grande force des séducteurs est leur capacité à faire ami-ami avec tout le monde. Ils savent se faire apprécier. Tantôt en brillant, tantôt en faisant briller l'autre. Parfois en charmant, parfois en écoutant. En étant sérieux ou en plaisantant…

Les personnes de ce profil ont toujours un mot gentil, une attention à l'endroit de leur interlocuteur. Très souvent d'ailleurs, ils sont sincères dans leur démarche et aiment vraiment leur prochain.

Autre force, leur maîtrise de la communication et des techniques de persuasion. Ils peuvent parler à l'infini, trouver toujours le bon argument et, à l'inverse, démonter chacun des vôtres. Les séducteurs sont beaux parleurs.

Leur principale faiblesse réside dans leur manque de maîtrise des aspects techniques et stratégiques de la négociation. Ils pensent que négocier est avant tout une affaire de persuasion, de bagout et de compétences innées. Il s'ensuit qu'ils :

- ne préparent pas leurs négociations ;
- ne cherchent pas à acquérir des méthodes et techniques pour progresser ;
- ne mesurent pas les enjeux, les opportunités et les risques ;

- s'adaptent trop à leur interlocuteur et pas assez au contexte ;
- dépensent trop d'énergie sur les thèmes de la relation et de la communication, et pas assez sur l'échange concessions/contreparties.

Comment négocier avec un séducteur ?

Du côté « bâton », ce que le séducteur craint avant tout c'est le conflit relationnel. Plus vous menacerez de le pousser dans ce retranchement, plus il cédera et plus vous obtiendrez. Fâchez-vous, vexez-vous, montrez-lui qu'il vous fait du mal ou de la peine et vous le verrez faire marche arrière sur ses pressions. « Pleurez » un petit coup et vous obtiendrez. La menace ultime à utiliser face à un séducteur n'est pas de refuser de lui accorder une concession, c'est de rompre la relation. Des phrases comme :

- *« Si nous continuons dans cette voie nous risquons de briser notre amitié »* ;
- *« Si tu me forces à… je ne pourrai jamais plus te parler »* ;

ont un très fort impact sur un séducteur.

Du côté « carotte », pour amener un séducteur à vous accorder les contreparties dont vous avez besoin, faites-lui les yeux doux. Placez-vous sur un plan purement relationnel et faites principalement des concessions dans cette optique. Intensifiez et prolongez la relation. Faites-lui comprendre que s'il vous donne ce que vous voulez, vous serez encore plus amis qu'avant. En d'autres termes, pour obtenir ce que vous voulez d'un séducteur, soyez manipulateur et montrez-vous séduit !

Reconnaître un Séducteur 

Il recherche ▶ L'amitié ou l'admiration de son interlocuteur.
Des gains à court terme.

Il paraît ▶ Charmant, agréable, honnête.
Flatteur, à l'écoute, intéressé par ce que vous dites.
Superficiel.

Ses mots ▶ « Je vous apprécie énormément... »
« C'est toujours un plaisir que de vous voir / travailler avec vous / passer du temps avec vous... »
« Je suis votre ami, je suis là pour vous aider... »

Son attitude ▶ Souriant, ouvert, avenant.
Doux, attentionné.
Soucieux de son image.

**Obtenir ce que le l'on veut
d'un Séducteur**

Adopter le profil		Séduit.
Insister sur		La phase de premier contact. Votre sensibilité à sa personne et à ses arguments. Un comportement ouvert. Votre capacité à vous fâcher, voire à couper les ponts si vous n'obtenez pas ce que vous voulez.
Ne pas faire l'erreur de		Tomber réellement sous le charme. Oublier vos objectifs et ne vous focaliser QUE sur la relation. Le brusquer ou de ne pas entrer dans le jeu relationnel sans que cela soit voulu et constitue une menace.

Le Père de famille

Comment l'impliquer dans la négociation ?

Le père de famille se situe sur l'axe relationnel et sur celui de l'équité. Il cherche à avoir de bonnes relations et à être juste avec tout le monde. En négociation, cela se traduit par un grand respect des interlocuteurs et de leurs enjeux. Pour impliquer un tel profil, montrez-vous aussi bien attentif à sa personne qu'à ce qu'il veut. Rassurez-le sur le fait que vous êtes un négociateur modéré, qui ne cherchez pas uniquement votre propre intérêt et que vous serez ouvert à ses attentes autant que vous lui demanderez d'être ouvert aux vôtres. Assurez-lui un climat de négociation relationnel c'est-à-dire respectueux des personnes et dites-lui que vous l'appréciez. Placez-vous en relation d'égal à égal aussi souvent que votre stratégie de négociation le permet.

Forces et faiblesses dans la négociation

Le père de famille sait entretenir de bonnes relations, équilibrées avec tous ses interlocuteurs ainsi que se montrer équitable et mesuré. Il apparaît donc comme quelqu'un de particulièrement sage. Il incarne la part des choses entre les aspects humains parfois passionnels de la négociation et la vision froide des enjeux. Cette distance et cette sagesse en font un profil particulièrement difficile à contredire. Ses propositions apparaissent toujours comme un juste milieu entre les aspects personnels et les objectifs de chacun.

Du côté des faiblesses, il y a sans doute le manque de réflexes stratégiques. Par ailleurs, son besoin d'être en bonne relation avec son interlocuteur lui donne peu de résistance aux conflits relationnels. L'amener, de manière assertive, sur ce terrain c'est s'assurer quelques concessions de sa part qui auront pour but de ne pas dégrader la relation.

Comment négocier avec un père de famille ?

Pour bien négocier avec un père de famille il faut lui faire croire que vous rentrez dans son jeu de la recherche d'un accord équitable de type gagnant-gagnant mais toujours garder à l'esprit votre propre intérêt. Procédez à des échanges concessions-contreparties qui vous soient toujours favorables en utilisant vos curseurs de négociation. Lorsque vous avez besoin d'obtenir une contrepartie supplémentaire, mettez la pression du point de vue relationnel comme vous le feriez avec un séducteur.

En conclusion, pour négocier efficacement avec un père de famille, il faut se montrer équitable tout en étant réellement stratège. Ce profil s'appelle « diplomate » et il est décrit ci-après.

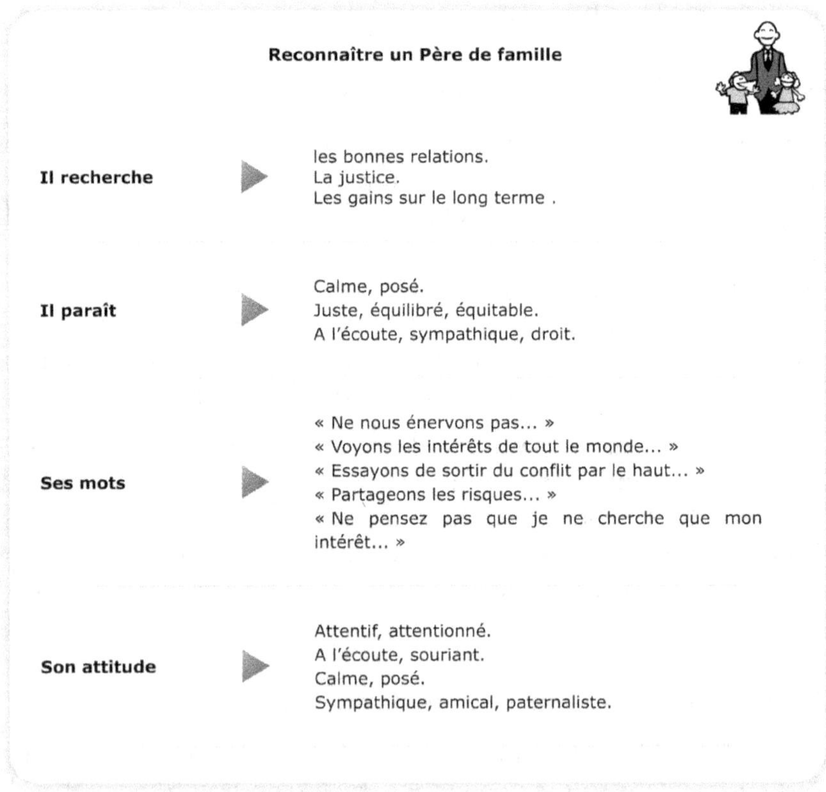

Reconnaître un Père de famille

Il recherche
les bonnes relations.
La justice.
Les gains sur le long terme .

Il paraît
Calme, posé.
Juste, équilibré, équitable.
A l'écoute, sympathique, droit.

Ses mots
« Ne nous énervons pas... »
« Voyons les intérêts de tout le monde... »
« Essayons de sortir du conflit par le haut... »
« Partageons les risques... »
« Ne pensez pas que je ne cherche que mon intérêt... »

Son attitude
Attentif, attentionné.
A l'écoute, souriant.
Calme, posé.
Sympathique, amical, paternaliste.

Adopter le profil		Diplomate.
Insister sur		La phase d'annonce des objectifs et vote volonté de respecter les attentes de votre interlocuteur. La nécessité de parvenir à un accord équitable. Les aspects relationnels du face-à-face.
Ne pas faire l'erreur de		N'être QUE dans le relationnel et d'oublier vos objectifs. Se positionner en position de supériorité par rapport à lui. Montrer que vous ne vous intéressez qu'à votre propres objectifs, même si c'est le cas.

Le Médiateur

Comment l'impliquer dans la négociation ?

Le médiateur se situe sur l'axe d'équité. Cela signifie qu'il ne conçoit la négociation que comme la recherche d'un accord gagnant-gagnant. Il se placera systématiquement en position de partenariat et sa stratégie favorite, dont il a d'ailleurs du mal à sortir, est le Lion. Vous ne pourrez l'impliquer qu'en lui assurant que vous êtes aussi un Lion en recherche d'un accord équilibré, et qui procure le plus grand bénéfice aux deux parties. Vous devrez aussi le rassurer sur :

- votre capacité à décider ;
- votre sens de l'écoute ;
- le fait que vous lui faites confiance et qu'il peut vous faire confiance ;
- votre sens du partage et de l'équilibre.

Forces et faiblesses dans la négociation

La principale force des médiateurs est le sens des enjeux. Ils savent analyser tout ce que les deux parties ont à gagner et à perdre dans la négociation. Par ailleurs, ils savent faire preuve de créativité pour proposer des solutions de négociation innovantes et qui permettent de sortir des impasses en faisant gagner les deux parties. Ils ont toujours une vision à long terme et plus large que les autres profils. Vous aurez toujours intérêt à écouter leurs propositions car, bien souvent, elles comporteront des points auxquels vous n'aurez pas pensé et qui peuvent vous faire gagner plus que ce que vous croyez.

Leur principale faiblesse est justement aussi ce qui fait leur force : cette farouche croyance en la nécessité de trouver un accord gagnant-gagnant. Ils auront à cœur de défendre vos objectifs tout autant que les leurs. Cette optique peut les amener à faire plus de concessions que nécessaire s'ils rencontrent un négociateur dur sur le fond qui, lui, ne prend en compte que son propre intérêt.

Comment négocier avec un médiateur ?

Pour négocier avec un médiateur, il faut se montrer diplomate, c'est-à-dire médiateur sur la forme et stratège sur le fond. Assurez-lui que, vous aussi, vous souhaitez parvenir à un accord gagnant-gagnant mais, au moment de réaliser une concession, argumentez pour expliquer en quoi cette concession est parfaitement impossible à faire pour vous.

À l'inverse, soyez ferme sur les contreparties à obtenir et insistez sur le fait que ces efforts de sa part sont tout à fait normaux dans une optique gagnant-gagnant. Demandez toujours plus et écoutez les propositions qu'il vous fera.

Reconnaître un Médiateur

Il recherche	Un accord gagnant-gagnant. Des gains sur le long terme. A paraître comme quelqu'un de juste.
Il paraît	Equilibré, posé. Intéressé aussi bien par vos objectifs que par les siens.
Ses mots	« Gagnant-gagnant... » « Donnant-donnant... » « Accord sur le long terme... » « Nous sommes en partenariat... » « Nous travaillons ensemble, nous nous connaissons depuis longtemps... »
Son attitude	Attentif, attentionné. A l'écoute, mesuré. Quantifie et prouve tous ses propos. Assertif.

**Obtenir ce que le l'on veut
d'un Médiateur**

Adopter le profil  Diplomate.

Insister sur  La phase de recherche des objectifs réels pour lui montrer que vous aussi vous êtes disposé à comprendre ce qu'il veut au fond et le lui apporter.
En réalité, insistez sur la phase de concessions et contreparties pour toujours proposer des accords qui soient à votre avantage.

Ne pas faire l'erreur de Tomber dans le piège du gagnant-gagnant à tout crin et abandonner un objectif qui vous tient à cœur sous prétexte de faire aussi gagner votre interlocuteur.
Lui montrer votre côté Stratège, individualiste.

Le Diplomate

Comment l'impliquer dans la négociation ?

Comme le stratège, le diplomate recherche avant tout son propre intérêt. Toutefois, il le fait sous couvert d'une optique gagnant-gagnant. Pour l'impliquer dans la négociation, vous devrez être capable de le rassurer sur le fait que vous avez compris ses objectifs et que vous pourrez l'aider à les atteindre (ce qui ne veut pas dire que vous le ferez, pendant le face-à-face…) Il sera aussi rassuré par le fait que vous aussi vous défendiez une optique gagnant-gagnant car c'est la principale arme qu'il voudra employer contre vous. En définitive, impliquez-le en lui faisant croire que vous êtes un médiateur.

Forces et faiblesses dans la négociation

La grande force du diplomate est sa capacité à cacher ses attaques sous des couverts de conciliation. Il recherche son intérêt particulier en vous faisant croire qu'il recherche le vôtre. Il arrivera toujours bien préparé pour un face-à-face en connaissant les enjeux, risques et opportunités de chacun. Sa vision à long terme en fait un négociateur particulièrement efficace.

Le diplomate est un stratège qui se cache derrière un médiateur pour réussir ses négociations. Sa force réside donc dans sa capacité à ne pas dévoiler ses véritables enjeux personnels tout en vous faisant parler des vôtres.

Pour ce qui est des faiblesses il faut souligner le manque d'écoute et, plus généralement, le manque d'intérêt pour autrui. Il ne verra en vous qu'un moyen d'atteindre ses objectifs. Cela en fait un négociateur peu relationnel, dont la capacité de charmer ainsi que le sens de l'empathie sont réduits.

Comment négocier avec un diplomate ?

Pour obtenir ce que vous souhaitez d'un diplomate il faut se montrer stratège. Focalisez-vous sur votre propre intérêt et montrez-vous ferme sur vos positions. Ne cherchez pas une négociation relationnelle et, à l'inverse, soyez très vigilant sur les concessions que vous pouvez être amené à faire et les contreparties que vous allez exiger.

Communiquez directement sans détour. Toute tentative de le séduire vous ferait passer pour un manipulateur dont il se méfierait. Opposez-lui un style de négociation vif et sans fioritures.

Reconnaître un Diplomate

Il recherche   ▶   Son intérêt avant tout.
Surtout sur le long terme.

Il paraît   ▶   Soucieux de vos objectifs.
D'accord pour vous faire gagner.
A l'écoute.
Mesuré.

Ses mots   ▶   « Votre intérêt dans le long terme est... »
« Cette solution vous intéressera parce que... »
« Vous gagnez autant que moi... »
« Je vous apporte... »
« C'est idéal pour vous... »

Son attitude   ▶   Centré sur lui-même, buste en arrière, bras croisés.
Parle fort et écoute peu.
Ecrit, s'agite, s'impatiente.

**Obtenir ce que le l'on veut
d'un Diplomate**

Adopter le profil ▶ Stratège.

Insister sur ▶ La phase de concessions / contreparties et argumentation.
La défense de votre intérêt personnel.
Une communication directe et claire sur ce que vous acceptez et ce que vous refusez.

Ne pas faire l'erreur de ▶ Croire qu'il s'intéresse réellement à vous et à vos objectifs.
Faire des concessions court terme pour des gains promis sur le long terme.

Sur le bureau de l'expert
Méthodes d'analyse et de repérage du profil psychologique et comportemental de nos interlocuteurs

Il existe un très grand nombre de méthodes d'analyse et de repérage du profil psychologique et comportemental de nos interlocuteurs. La plupart d'entre elles viennent directement ou non des travaux de Jung sur les types psychologiques.

La méthode proposée ici fait exception et ne peut pas être rangée dans cette famille des méthodes dites « jungiennes ». Cela tient au fait que, selon Jung, les profils psychologiques se rangent suivant deux axes. L'un d'entre eux est l'axe introversion-extraversion. Cela veut dire que la moitié des personnalités décrites par les méthodes traditionnelles sont des personnes à tendance introverties. Cette hypothèse se vérifie assez bien dans la population en général, mais pas chez les négociateurs professionnels.

En effet, peu de personnes qui ont fait le choix d'un métier en relation forte avec la négociation sont réellement introverties, au contraire. Se doter d'une analyse jungienne en négociation, c'est n'utiliser que la moitié (extravertie) des profils disponibles. C'est pourquoi la méthode proposée dans ce livre ne part pas de l'axe introversion-extraversion, mais propose trois points d'appui particulièrement bien adaptés à la négociation : sens stratégique, sens relationnel, sens de l'équité.

Chapitre 17

Le négociateur est adaptable, il sait se jouer des différences culturelles

Dans ce chapitre, vous apprendrez à :

- ✔ reconnaître les différences culturelles entre votre interlocuteur et vous ;
- ✔ aplanir les difficultés de communication, compréhension et persuasion liées à ces différences ;
- ✔ utiliser ces différences pour gagner en pouvoir de négociation.

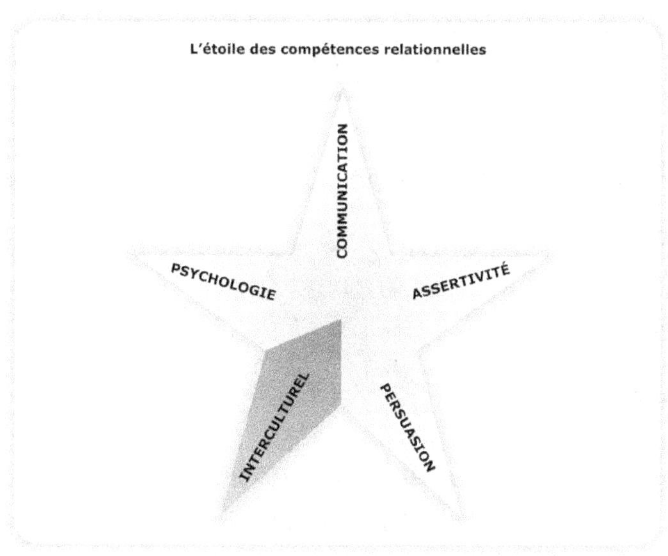

Avoir pour interlocuteur de négociation une personne culturellement différente pose problème. Et je ne parle pas ici des questions de langue qui ont déjà été vues dans le chapitre 13 et le schéma de la communication. Lorsque le cadre de référence des deux négociateurs n'est pas le même, ils ne peuvent pas comprendre les arguments, le rapport de forces ou encore la structure du face-à-face de façon identique.

L'interculturalité en négociation provient du fait d'avoir pour interlocuteur une personne originaire soit d'un autre pays, soit d'une autre fonction. Par exemple, pour un commercial français, il est tout aussi interculturel de négocier avec un acheteur d'un profil technique, un ingénieur, qu'avec un acheteur américain ou taïwanais. Quelle que soit l'origine de ces différences, il va vous falloir les comprendre, puis les identifier chez votre interlocuteur, et enfin les dominer pour en tirer le meilleur. Pour cela, il existe des critères d'analyse des différences culturelles en négociation. Ils sont au nombre de trois et proviennent des travaux de recherche de G. Hofstede.

Individualisme/collectivisme

Définition
Dans une société individualiste, l'intérêt individuel passe avant l'intérêt du groupe.
Dans une société collectiviste, on valorise plus les liens entre les personnes et ce que chaque individu apporte aux autres.

Impact sur la préparation et le choix de la stratégie
Si votre interlocuteur est de culture individualiste

Ce qui compte dans la négociation pour les personnes individualistes c'est ce qu'elles peuvent gagner, ce qu'elles peuvent perdre et les leviers sur lesquels elles peuvent s'appuyer pour atteindre leurs objectifs. Elles ne prennent guère en compte leur interlocuteur au moment de préparer leur négociation : « qui il est ou ce qu'il veut ne change pas ce que moi, je veux » pensent-elles. Les individualistes sont des personnes qui prendront un soin tout particulier à travailler sur leur check-list de préparation des négociations.

Elles seront assez peu enclines à choisir la stratégie centrale du Lion où l'on doit s'appuyer sur la Négociation Raisonnée pour rechercher un accord de type gagnant-gagnant. À l'inverse, elles sauront défendre leurs objectifs propres sans venir interférer sur les vôtres (gagnant- ?).

Pour négocier avec un individualiste, préparez-vous aussi bien que ce qu'il est préparé. Sachez éviter la stratégie du Lion et suivre ou imposer votre leadership en fonction d'une analyse solide du rapport de forces.

Si votre interlocuteur est de culture collectiviste

Les collectivistes sont moins calculateurs, moins stratèges et plus relationnels. Ils s'intéressent plus aux aspects humains de la négociation qu'aux intérêts mutuels et données chiffrées. Ils entreront souvent en négociation sans y être spécifiquement préparés et compteront sur leur sens du contact et de l'adaptation pour s'en sortir. Avec eux, des arguments comme :

* « nous nous connaissons bien » ;

* « nous nous faisons confiance » ;

* « nous travaillons ensemble depuis 5 ans » ;

* « je vous apprécie beaucoup » ;

prennent tout leur sens alors qu'ils seraient totalement déplacés pour un individualiste.

Pour négocier avec un collectiviste, préparez-vous à collaborer, à être doux et à rechercher un intérêt commun plutôt que votre intérêt propre.

Impact sur la structure de l'entretien et les *best practices*

Si votre interlocuteur est de culture individualiste

D'une manière générale, les personnes de culture individualiste vont développer un style de négociation plutôt froid et distancié. Plutôt que de chercher à s'appuyer sur le relationnel, l'empathie et la confiance, elles sont stratèges et en recherche d'intérêt commun. Dans une culture individualiste, les négociateurs n'ont pas besoin de se connaître, de s'apprécier ou de se faire confiance, ils ont simplement besoin d'un intérêt commun à un instant t.

La phase de premier contact sera le plus souvent écourtée, sans fioritures excessives pour pouvoir entrer directement dans le vif du sujet : l'annonce des objectifs.

Les deux phases suivantes, recherche des objectifs réels et concessions/contreparties et argumentation seront le reflet du rapport de forces entre les protagonistes. Dans ce type de négociation froide, le leadership et la domination jouent à plein.

Si votre interlocuteur est de culture collectiviste

Les négociateurs collectivistes insisteront sur la phase de premier contact pour rassurer leur interlocuteur et pour développer un climat de confiance.

Ils se présenteront avec soin et questionneront leur vis-à-vis pour mieux le connaître.

Autre différence d'importance, la phase de recherche des objectifs réels n'est pas conçue comme la recherche d'informations pouvant leur permettre de trouver les failles chez l'adversaire et les arguments définitifs, mais bien comme le moyen de savoir ce que le partenaire de négociation veut obtenir au fond pour envisager de le satisfaire pleinement. Dans la phase des concessions/contreparties et argumentation, les collectivistes chercheront des accords et des scénarios de négociation équilibrés et non pas à leur unique avantage.

Impact sur les comportements, les compétences relationnelles et la persuasion

Si votre interlocuteur est de culture individualiste

Ne s'intéressant que peu aux autres personnes, l'individualiste saura généralement se comporter de manière tout à fait assertive. Il a un mode de communication clair, direct et centré sur sa personne, sur ce qu'il veut et ce qu'il ne veut pas. Cela donne beaucoup de poids à ses arguments et à ses demandes.

Il considère que le conflit d'intérêts est sain, ou en tout cas inévitable, et que c'est la seule façon de traiter les problèmes sur le fond. Sa communication peut paraître abrupte et maladroite et il est rarement perçu comme un interlocuteur de négociation agréable.

Pour négocier avec un individualiste, il faut se montrer encore plus individualiste que lui. Faites abstraction des personnes et des relations, et centrez-vous sur les enjeux et votre propre intérêt.

Si votre interlocuteur est de culture collectiviste

Étant plus relationnel, le collectiviste peut avoir du mal à affronter sereinement le conflit et notamment le conflit de personnes. Vous fâcher, le menacer de rompre la relation est probablement un bon moyen de lui faire peur et d'obtenir des concessions de sa part.

Par ailleurs, prenez le temps de vous intéresser à sa personne, à son histoire. Insistez sur l'écoute active et la formule $E = mc^2$.

Comment reconnaître le caractère individualiste ou collectiviste de mon interlocuteur ?

Au sein d'une société, d'une culture, tous les individus sont différents. Toutefois, des grandes tendances se dégagent et elles peuvent vous aider à vous faire une première idée de votre vis-à-vis.

D'une manière générale, plus il est haut placé dans la hiérarchie de sa société, plus il a de chances d'être individualiste (n'y voyez là aucun jugement de valeur, il ne s'agit que d'une donnée statistique).

Par ailleurs, les pays les plus individualistes sont :

- les États-Unis et les autres pays anglo-saxons développés ;
- les pays d'Europe de l'Ouest ;
- les pays fortement développés d'une manière générale.

Les pays arabes et tous les pays en voie de développement se retrouvent du côté des cultures communautaires.

Distance Hiérarchique

Définition
La distance hiérarchique correspond à la capacité à comprendre et à accepter les inégalités, et notamment celles liées à la hiérarchie et au pouvoir. Chez les sociétés et les individus dont la distance hiérarchique est forte, le pouvoir et le leadership des uns sont très bien acceptés par les autres. Si cette distance est faible, les relations entre patron et subordonné, leader et suiveur, père et fils sont considérées comme d'égal à égal.

Impact sur la préparation et le choix de la stratégie

Votre interlocuteur est de distance hiérarchique forte

Si votre vis-à-vis est de culture à distance hiérarchique forte, il vous faudra être très vigilant sur l'étape 2 de la check-list : l'analyse du rapport de forces car ce sont des notions qu'il maîtrise intuitivement. Notamment, s'il se sent en position de faiblesse, il n'hésitera pas à choisir une stratégie Renard ou Petit Poisson et à vous laisser ainsi le leadership. Il s'attend à ce que vous le preniez et l'accepte parfaitement. Si au contraire il se sent en position de force, il fera peser sur vous toute la pression qui lui est rendue possible par ce rapport de forces.

Votre interlocuteur est de distance hiérarchique faible

Si votre interlocuteur, de par sa provenance géographique ou de par sa culture propre, est de distance hiérarchique faible, il éprouvera des difficultés à raisonner en termes de rapport de forces. Il aura une vision très coopérative de la négociation et optera quasi systématiquement pour la stratégie du Lion. Il verra la négociation comme le moyen de faire la médiation d'un conflit plutôt que comme celui de gagner un avantage sur un adversaire.

Si vous-même vous décidez d'opter pour une stratégie de suiveur, sachez qu'il n'assumera peut-être pas le leadership que vous attendez de lui. À l'inverse, vous risquez de le heurter en tentant de lui imposer une stratégie à Rôle Primaire Leader comme le Loup ou la Fourmi.

Avec ce type de personnes le mieux est probablement de rentrer dans le jeu du partenariat et d'appliquer fermement les règles des concessions et contreparties pour éviter de perdre à son profit à lui.

Impact sur la structure de l'entretien et les best practices

Votre interlocuteur est de distance hiérarchique forte

Lorsque le face-à-face vous oppose à un interlocuteur qui accepte bien les inégalités (distance hiérarchique forte) et que vous êtes dans une stratégie de leadership, vous devez profiter de la phase de premier contact pour creuser l'écart et commencer à faire peser la pression. Pour cela, faites jouer à plein le principe de soumission à l'autorité et l'effet de halo positif. Plus vous lui montrerez votre supériorité et l'écart qu'il y a entre vous, et plus il acceptera ces inégalités.

Votre interlocuteur est de distance hiérarchique faible

À l'inverse, si votre interlocuteur est d'une culture à distance hiérarchique faible, c'est sur la phase de concessions, contreparties et argumentation qu'il faudra faire porter vos efforts. Veillez à ce que l'équilibre des concessions et contreparties (du moins tel qu'il le perçoit) soit respecté au maximum. En effet, se considérant comme votre égal, il ne comprendrait pas que vous tentiez de lui imposer un accord avec des gains unilatéraux seulement.

Impact sur les comportements, les compétences relationnelles et la persuasion

Votre interlocuteur est de distance hiérarchique forte

Si votre interlocuteur est de culture à distance hiérarchique forte et qu'il se sent en position de leader, il s'attendra à une communication très humble de votre part. Traitez-le comme un élève traite son maître d'école ou comme un subordonné traite son patron. Évitez les jugements et les propositions trop directes. Faites comme si vous étiez en face d'un super leader plutôt que d'être en face d'un leader. Si, au contraire, c'est vous qui êtes en position de supériorité, adaptez votre communication à la culture de votre interlocuteur en insistant sur vos forces, vos demandes et en usant de son respect intuitif de cette hiérarchie de fait pour résister à ses attaques.

Votre interlocuteur est de distance hiérarchique faible

Si votre interlocuteur ne perçoit pas les distances hiérarchiques c'est sur l'assertivité qu'il faudra porter toute votre attention. Il attendra de vous une communication franche mais dénuée d'aspects affectifs. Il voudra pouvoir vous parler aussi directement que vous lui parlez sans que cela ne reflète une quelconque inégalité.

Comment reconnaître l'Indice de Distance Hiérarchique de mon interlocuteur ?

Les pays qui sont réputés à distance hiérarchique forte sont :

- les pays d'Europe à culture latine (France, Espagne, Italie, Belgique) ;
- le Mexique, l'Amérique centrale et l'Amérique du Sud ;
- le Maghreb ;
- l'Afrique noire.

Les pays réputés à distance hiérarchique faible sont :

- les pays anglo-saxons, les États-Unis en tête ;
- les pays germaniques ;
- les pays scandinaves et du nord de l'Europe.

Les militaires, le personnel administratif, les ingénieurs et les chefs d'entreprise sont en moyenne de distance hiérarchique plus forte que les commerciaux, les acheteurs et les personnes en charge de la production.

Pour connaître l'indice de distance hiérarchique de votre interlocuteur, faites-le parler de son travail, de sa société, de son service. Essayez de savoir quel type de relation il entretient avec ses collègues, ses équipes et sa hiérarchie.

Contrôle de l'incertitude/acceptation de l'incertitude

Définition
Cette notion fait référence au degré d'incertitude et de risque qu'un individu est prêt à accepter dans la vision de son avenir. Les personnes à faible volonté de contrôle de l'incertitude (forte acceptation de l'incertitude) considèrent comme normal de ne pas savoir de quoi demain sera fait et ne cherche pas spécialement à limiter leurs risques.
À l'inverse, les sociétés à forte volonté de contrôle de l'incertitude chercheront à développer des sciences et des méthodes pour maîtriser l'avenir, en réduire les zones d'ombre et les désagréments.

Impact sur la préparation et le choix de la stratégie

Avec forte volonté de contrôle de l'incertitude

Les personnes à forte volonté de contrôle de l'incertitude arriveront bien préparées à l'entretien et s'attendront à ce que vous-même vous ayez formalisé la préparation de votre négociation. La check-list Nego-System et les curseurs de la négociation seront un atout de choix dans ce cas.

Avec acceptation de l'incertitude et du risque

Si vous négociez contre quelqu'un de nature à accepter les risques et l'incertitude, ne montrez pas trop que vous vous êtes préparé spécifiquement à la négociation. Lui ne le sera peut-être pas aussi bien que vous et vous risqueriez de lui faire peur. En acceptant les risques liés à l'issue d'une négociation, il en développe une vision très humaine et aléatoire. Lui montrer à quel point vous êtes préparé, professionnel et méthodologique, c'est le rabaisser au rang d'amateur et créer d'emblée une asymétrie de pouvoir. Préparez-vous aussi bien que vous le pouvez en utilisant les outils de la partie 1 de cet ouvrage mais ne le montrez pas.

Impact sur la structure de l'entretien et les *best practices*

Avec forte volonté de contrôle de l'incertitude

Une personne à forte volonté de contrôle de l'incertitude cherche avant tout à être rassurée. Dans la phase de premier contact rassurez-la sur :

* le fait que vous soyez décisionnaire et prêt à négocier ;

* votre capacité à l'écouter et à prendre en compte ses objectifs ;

* votre volonté de parvenir à un accord ;

* votre honnêteté et la confiance que vous lui portez.

Elle sera aussi rassurée par une phase de recherche des objectifs réels longue, signe que vous cherchez à la comprendre et que vous serez capable de lui proposer une solution vraiment avantageuse pour elle.

Dans la conclusion, rassurez-la sur le fait qu'elle a trouvé un bon accord pour elle. Récapitulez tous les avantages qu'elle obtient pour l'avenir et montrez-lui en quoi elle a amélioré sa position de départ, et notamment en réduisant ses risques futurs.

Avec acceptation de l'incertitude et du risque

Ces personnes vous feront *a priori* confiance. En effet, elles considèrent que l'être humain est globalement honnête jusqu'à preuve du contraire. Elles seront tout particulièrement sensibles au bluff, à la séduction et à la manipulation. Évidemment, cela ne fonctionnera qu'une fois ! Acceptant le risque et les incertitudes, elles seront plus enclines à accepter et à proposer des paris sur l'avenir.

Ainsi, vous pouvez dans la phase de concessions et contreparties, échanger une réalité tangible et présente contre un gain futur potentiel :

* « Si vous me faites la réduction dont j'ai besoin aujourd'hui, je vous commanderai 10 % de quantités en plus sur votre prochain produit ».

* « Aidez-moi maintenant à résoudre mon problème et vous aurez mon soutien pour les prochaines élections ».

Impact sur les comportements, les compétences relationnelles et la persuasion

Avec forte volonté de contrôle de l'incertitude

Ces personnes seront peu sensibles aux promesses et au rêve. Avec elles, restez très concret et factuel. Ayez une argumentation propre à les rassurer :

- « Tout le monde utilise ces produits maintenant, on sait qu'ils fonctionnent ».
- « On ne peut pas savoir de quoi l'avenir sera fait, il faut se protéger ».
- « La solution que je vous propose est la moins risquée de toutes ».

Avec ce type d'interlocuteur, insistez sur la méthode de l'engagement. En effet, ils auront encore plus que quiconque la volonté de se comporter de manière conforme à leurs dires.

Avec acceptation de l'incertitude et du risque

Vous pouvez développer votre pouvoir de persuasion sur ces personnes en développant une communication projective. Faites-les rêver, faites-leur imaginer un avenir radieux grâce à vous :

- « En achetant cette voiture, vous allez épater tous vos amis ».
- « En acceptant l'augmentation de prix que je vous propose, vous renforcez les liens entre nos sociétés pour l'avenir ».

Comment reconnaître la volonté de contrôle de l'incertitude de mon interlocuteur ?

Les pays réputés à fort contrôle de l'incertitude sont :

- les pays Européens de culture latine (France, Belgique, Italie, Espagne) ;
- les pays latino-américains (Mexique, Colombie, Venezuela, Pérou, Chili, Argentine...) ;

- le Japon ;

Les pays réputés à faible contrôle de l'incertitude sont :

- les pays scandinaves ;
- les pays anglo-saxons ;
- le Sud-Est asiatique ;
- d'une manière générale, les pays en voie de développement, comme l'Inde et les pays africains.

Les ingénieurs, les scientifiques, les cadres et les dirigeants auront globalement une plus grande propension à un fort contrôle de l'incertitude que les commerciaux et les exécutants.

Pour aller plus loin

Dans ce chapitre vous apprendrez :

✔ *comment continuer à progresser en négociation après la lecture de cet ouvrage ;*

✔ *que l'on peut se perfectionner à la négociation tout en jouant ;*

✔ *à choisir la formation à la négociation la mieux adaptée à vos objectifs professionnels.*

Cet ouvrage vous a fait découvrir les techniques, les méthodes et les outils les plus avancés pour réussir vos négociations. Reste à les mettre en pratique dans des situations réelles. En parallèle, vous pouvez aussi décider de continuer votre apprentissage par le jeu ou les formations en entreprise.

Les jeux de société qui font progresser en négociation

Plusieurs jeux de société font appel à des compétences qui sont celles que doit développer tout négociateur.

Diplomatie

Ce jeu de plateau oppose sept joueurs qui font évoluer leurs armées et leurs flottes pour conquérir l'Europe de 1900. C'est par le jeu des accords, des alliances et des trahisons que les territoires vont changer de camp jusqu'à donner la victoire à l'un des adversaires.

Ce jeu, d'une profondeur et d'une subtilité rares, n'est pas un jeu de guerre. Les aspects stratégiques et tactiques sont secondaires, parce que très simplifiés, et ils laissent place à la négociation diplomatique comme l'indique le nom du jeu. Le vainqueur est le joueur qui aura su proposer des accords qui sont un tout petit peu plus à son avantage qu'à l'avantage de ses interlocuteurs ; cela ne vous rappelle rien ?

Les armes du bon joueur de Diplomatie sont :

* pouvoir de persuasion ;

* analyse du profil de l'interlocuteur ;

* assertivité ;

* sens stratégique, relationnel et sens de l'équité ;

* gestion optimale des concessions et contreparties.

Ce jeu peut se jouer en famille, en compétition, y compris à un niveau international, et sur Internet.

Le jeu de Go

Sur le quadrillage du Goban, le plateau, chacun des deux joueurs pose une pierre de sa couleur (pion) à tour de rôle. Le but est de constituer des chaînes de pierres fermées qui définissent des espaces, des territoires pour chaque joueur. Le vainqueur est celui dont les territoires sont les plus grands.

Avant chaque tour de jeu dans lequel un joueur doit poser une pierre, celui-ci doit se poser les questions suivantes :

* où sont mes forces et mes faiblesses ?

* où sont mes opportunités de gain, quels sont les risques que mon adversaire fait peser sur moi ?

* dois-je attaquer ou me défendre ?

* est-ce que je dois chercher un gros gain ou plusieurs petits ?

Acquérir ces réflexes d'analyse vous servira dans toutes vos négociations et dans vos préparations grâce à la check-list.

Le Poker, le *No Limit Hold' Em*

Forme moderne et compétitive du poker, le No Limit Hold' Em *est un poker ouvert dans lequel chaque joueur a deux cartes privatives et dont le tableau final compte 5 cartes communes. Le terme* No Limit *indique qu'à chaque moment un joueur peut engager l'intégralité de son tapis (jetons disponibles) et ainsi risquer de tout perdre en une main. Le* No Limit *est la forme de poker la plus pratiquée en compétition et diffusée à la télévision.*

L'engouement mondial pour ce jeu est sans précédent. Si les parties d'argent sont interdites en France, il est toutefois possible d'en jouer, ainsi que des tournois et autres championnats internationaux dans les cercles et les casinos autorisés. Prenez toujours garde à ne jouer que des sommes dérisoires par rapport à vos revenus, et je vous déconseille de considérer que le poker puisse être une source de gains stables.

Une fois ces avertissements donnés, il reste que ce jeu est excellent pour acquérir des compétences parfaitement utiles lors d'une négociation :

- gestion des enjeux, calculs de rentabilité d'une décision ;
- gestion des ressources disponible et gestion du temps ;
- gestion du stress, maîtrise comportementale ;
- bluff ;
- lecture de l'adversaire.

D'autres jeux de cartes peuvent aussi se révéler de très bonnes aides à l'apprentissage de la négociation mais, à mon sens, aucun ne vous fera vibrer comme le *No Limit Hold' Em.*

Les formations de l'acteur

Cours de théâtre, improvisation théâtrale, expression corporelle, mime, coaching en image de soi… sont autant de façons de travailler la maîtrise de vos comportements, de votre image et du langage de votre corps. Nous l'avons vu lors de l'étape 5 de la checklist, jouer un rôle n'est pas chose aisée or, négocier, ce n'est pas être 100 % soi-même. Beaucoup de vos messages, comme ceux d'un acteur, passent par vos attitudes et vos comportements. Apprendre à en jouer, c'est se doter d'un pouvoir de persuasion accru.

Suivre de telles formations vous aidera à améliorer votre congruence et vos capacités non verbales.

Les formations à la négociation

Tous les jours, le cabinet de formation **tellen** accompagne des négociateurs professionnels, développe leurs compétences et fait en sorte qu'ils améliorent leurs résultats concrets sur le terrain. D'autres cabinets proposent aussi des stages. Ces derniers peuvent se classer en plusieurs catégories.

Les formations théoriques

Pour apprendre les fondements et l'histoire de la négociation, les principes et concepts.

Les formations pratiques

Pour apprendre les méthodes et les outils utiles aux négociateurs comme le Nego-System par exemple. Elles comportent des exercices, des simulations et des études de cas pratiques de négociation.

Les formations généralistes

Souvent classées par niveau comme « basiques de la négociation », « négociation avancée » ou « négociation expert ».

Les formations spécifiques à une problématique

« Négociation achat », « négociation avec les grands comptes », « négociation en milieu difficile », « négociation interculturelle », « négociation internationale »…

Lisez bien le programme d'une formation avant de vous décider. Assurez-vous que le contenu correspond à vos attentes et que vous en ressortirez avec des compétences nouvelles qui amélioreront réellement vos résultats de négociation.

Une formation à la négociation doit toujours intégrer les éléments suivants :

- être pratique ;
- donner des méthodes et des outils directement applicables et que vous pourrez facilement et concrètement mettre en œuvre dès le lendemain du stage (check-lists, tableaux, curseurs de la négociation, Règles d'Or, $E = mc^2$…) ;
- être animée par un professionnel de la négociation, et pas seulement par un formateur qui n'a jamais été en position de négocier les intérêts de son entreprise ;
- inclure de nombreux exercices, cas pratiques et simulations qui permettent d'appliquer les règles et outils étudiés et d'acquérir les réflexes ;
- être totalement adaptée à vos problématiques et à votre univers professionnel. Les cas pratiques doivent être réalistes par rapport à ce que vous vivez sur le terrain et les outils adaptés à votre pratique.

Conclusion

Cet ouvrage ouvre la voie vers une nouvelle vision de la négociation. Là où tout le monde parle « d'art de négocier », de talent inné ou encore de sens de la négociation, il prouve que vous pouvez acquérir des méthodes simples et des outils qui aident concrètement à améliorer vos résultats.

Cette nouvelle vision d'une négociation technique qui peut s'apprendre et se maîtriser vaut la peine d'être partagée. Dans les entreprises, dans les écoles, sur les forums Internet, beaucoup s'interrogent sur les façons de réussir des négociations importantes. Trop souvent la réponse qui leur est apportée tourne autour du fait que l'on est (voire naît) bon négociateur ou pas, que certains ont la chance de posséder ce don et d'autres pas.

Parlez-leur de ce que vous avez appris dans ce livre. La check-list Nego-System, les étapes d'un face-à-face, les Règles d'Or et les pièges à éviter, les compétences relationnelles, les clés de lecture de l'interlocuteur, l'assertivité, l'engagement et les critères interculturels… Montrez-leur qu'il n'y a pas une fatalité à être bon ou mauvais négociateur et que tout le monde peut progresser s'il maîtrise les bons outils.

Ce livre n'est pas un livre de plus qui explique ce qu'est la négociation. Ce livre est le livre 100 % technique pour gagner vos négociations. Je vous souhaite d'en faire bon usage et de prendre autant de plaisir que moi à négocier et à gagner toujours plus.

Annexes

Dans la partie 1 de cet ouvrage je vous ai montré le Nego-System, méthode de préparation des négociations. Il s'appuie sur une check-list que vous connaissez bien maintenant. Cette annexe vous donne 4 exemples concrets d'utilisation de cette check-list. Les comprendre vous permettra de passer définitivement de la théorie à la pratique

Exemple N° 1

M. Renaud veut vendre sa voiture d'occasion en passant une annonce sur Internet ou dans la presse. La concurrence est forte car de nombreux autres véhicules de la même catégorie sont aussi proposés. Pourtant il est bien décidé à en tirer un bon prix, supérieur à la moyenne.

Il pense que pour intéresser un acheteur potentiel et le convaincre d'acheter plus cher que ce que vaut réellement son véhicule, il faut être capable de proposer des petits services supplémentaires :

– Changer les pneus avant de lui vendre la voiture ;

– faire le plein ;

– la livrer chez lui ;

– la faire nettoyer de fond en comble par une entreprise spécialisée.

Bien entendu, tous ces services ont un coût que M. Renaud devra valoriser pendant la négociation pour être sûr de faire une bonne affaire.

Données de la négociation :

– L'automobile de M. Renaud cote 11 000 € à l'Argus et son objectif est de la vendre 12 500 € ;

– un seul acheteur potentiel a répondu à l'annonce et a pris rendez-vous pour la voir.

Voici la check-list de Monsieur Renaud :

> **Étape 1 :** Je définis clairement mes objectifs de négociation

Mon objectif principal :
Vendre ma voiture au-delà de l'Argus

Précisions sur l'objectif principal (quantités, délais, forme, lieux, personnes concernées…) :
Prix de vente : 12 500 €. Ne pas dépenser plus de 500 € en services associés

Mes autres objectifs :

Tout ce que je peux gagner dans cette négociation, mes opportunités :	Tout ce que je peux perdre dans cette négociation, mes risques :
1 500 € supplémentaires par rapport à l'Argus.	*Une opportunité de vente Devoir repasser une annonce et tout recommencer*

Globalement, je négocie pour (entourez) :

(GAGNER)   NE PAS PERDRE

> **Étape 2 :** J'analyse le rapport de forces

Les forces de mon interlocuteur : Ses arguments :	Mes forces : Mes arguments et mes réponses à ses arguments :
Quelques imperfections sur la carrosserie. Prix de vente supérieur à l'Argus de 1 500 € non compensé par kilométrage	*Très bien entretenue. Contrôle technique OK. Services supplémentaires inclus dans prix de vente*

Son plan B :	Mon plan B :
Répondre à une autre annonce	*Passer une nouvelle annonce et attendre*

Sa compétence en tant que négociateur :	Ma compétence en tant que négociateur :
inconnue	*Bonne, plusieurs formations à la négociation*

Globalement, le rapport de forces est (entourez l'un des chiffres) :

1   2   **(3)**   4   5   6   7   8   9   10

En SA faveur   Neutre   En MA faveur

> **Étape 3 :** Je me place dans la bonne optique de négociation

Et mon interlocuteur ?

Tout ce qu'il peut gagner dans cette négociation, ses opportunités :	Tout ce qu'il peut perdre dans cette négociation, ses risques :
Acheter une voiture dont l'entretien et l'état général sont au-delà de la moyenne Faire baisser le prix	*Dépenser plus d'argent que prévu, payer plus que nécessaire dans cette voiture*

Globalement, il négocie pour (entourez) :

GAGNER   **(NE PAS PERDRE)**

Je me place dans une optique :

1   2   3   4   5   6   7   8   **(9)**   10

Défensive   Constructive   Offensive

> Étape 4 : Je choisis la stratégie de négociation la plus appropriée

Cochez la case

1. Nom de la stratégie :
RENARD

2. Mot d'ordre :
SEDUIRE

3. Initiative :
JE PRENDS L'INITIATIVE

4. Rôle Primaire :
SUIVEUR

5. Rôle Secondaire :
DOUX, ATTENTIF, RELATIONNEL

6. Gestion du temps :
PRENDRE LE TPS NECESSAIRE

> Étape 5 : Je me prépare à jouer un rôle

Rappel du point 4, mon Rôle Primaire (entourez) :　　LEADER　　PARTENAIRE　　SUIVEUR

Mon Rôle Secondaire :
DOUX, ATTENTIF, RELATIONNEL

Ce que je vais dire pour crédibiliser mes Rôles Primaire et Secondaire (communication verbale) :
C'est très gentil à vous de vous être déplacé
Que recherchez-vous exactement comme véhicule
Comme nous avons l'air d'être sur la même longueur d'onde, je vous propose de
m'occuper de changer les pneus pour le même prix !

Ce que je vais faire pour crédibiliser mes Rôles Primaire et Secondaire (communication non verbale) :
Sourire, le laisser conduire pour l'essai, être proche mais pas trop,
Montrer honnêtement les imperfections de la carrosserie avant que lui ne les découvre

> Étape 6 : Les curseurs de ma négociation

	prix	pneus	plein	livraison	nettoyage
Niveau plafond : première offre	13000	Ne pas changer	Ne pas Faire	Ne pas livrer	Ne rien Faire de plus
Zone de confort					
Niveau réaliste	12500	Changer 2	Ne pas Faire	livrer	Nettoyer à Fond
Zone de vigilance					
Niveau plancher : ligne de rupture	11000	Changer 4	Faire le plein	livrer	Faire nettoyer par entreprise

Scénarios de négociation :

– Ne pas dépenser plus de 500 € en services associés ;

– Ne pas changer les pneus si le prix proposé est inférieur à 12 000 € ;

– Ne pas proposer livraison ET nettoyage en même temps.

Exemple N° 2

M. Gold a pris rendez-vous avec son patron pour lui demander une augmentation de salaire. Il est manager commercial et il remplit ses objectifs trimestriels sans compter ses heures. La société dans laquelle M. Gold travaille est une petite entreprise familiale dont le niveau de rémunération moyen est 20% inférieur à ses concurrents. Il est conscient de sa valeur sur le marché est compte exploiter cet avantage lors de la négociation.

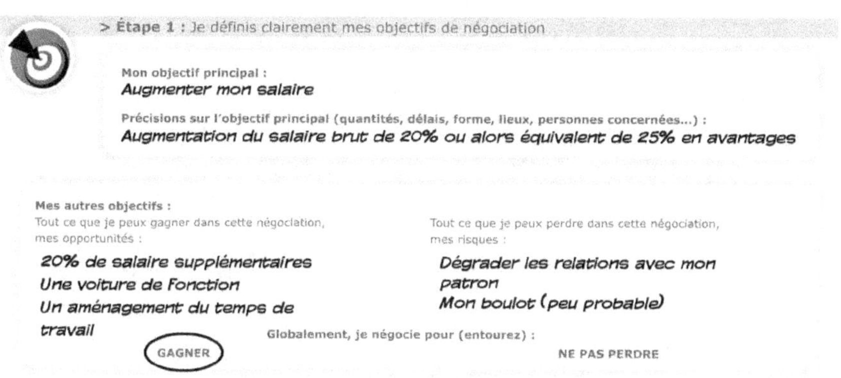

> Étape 2 : J'analyse le rapport de forces

Les forces de mon interlocuteur :
Ses arguments :
En tant que supérieur hiérarchique, il a le pouvoir de décision
Je ne suis pas irremplaçable
Mon salaire est déjà plus élevé que la moyenne des managers commerciaux
La politique de l'entreprise n'est pas aux augmentations de salaires
Les budgets sont décidés un an à l'avance et on est pas dans la bonne période pour renégocier

Son plan B :

Me laisser partir si je le menace de démission et mettre mon adjoint à ma place

Sa compétence en tant que négociateur :

excellente

Mes forces :
Mes arguments et mes réponses à ses arguments :

Je remplis mes objectifs, je sui rentable pour l'entreprise
Me remplacer demanderait de former une nouvelle personne
Le salaire auquel je peux prétendre à la concurrence est 20% supérieur à mon salaire actuel

Mon plan B :

1) attendre entretien annuel d'évaluation
2) Démissionner et aller à la concurrence

Ma compétence en tant que négociateur :

Excellente, négociations professionnelles quotidiennes

Globalement, le rapport de forces est (entourez l'un des chiffres) :

1   2   3   **(4)**   5   6   7   8   9   10

En SA faveur   Neutre   En MA faveur

> Étape 3 : Je me place dans la bonne optique de négociation

Et mon interlocuteur ?
Tout ce qu'il peut gagner dans cette négociation, ses opportunités :

Renforcer ma motivation

Tout ce qu'il peut perdre dans cette négociation, ses risques :

De l'argent
Les autres managers commerciaux aussi demanderont une augmentation de salaire
Me démotiver
Me voir partir à la concurrence

Globalement, il négocie pour (entourez) :

GAGNER   **(NE PAS PERDRE)**

Je me place dans une optique :

1   2   3   4   5   6   7   8   **(9)**   10

Défensive   Constructive   Offensive

> Étape 4 : Je choisis la stratégie de négociation la plus appropriée

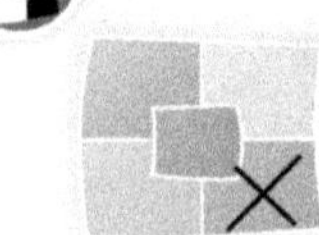

Cochez la case

1. Nom de la stratégie :
RENARD

2. Mot d'ordre :
SEDUIRE

3. Initiative :
JE PRENDS L'INITIATIVE

4. Rôle Primaire :
SUIVEUR

5. Rôle Secondaire :
Professionnel, sympathique, ambitieux

6. Gestion du temps :
PRENDRE LE TPS NECESSAIRE

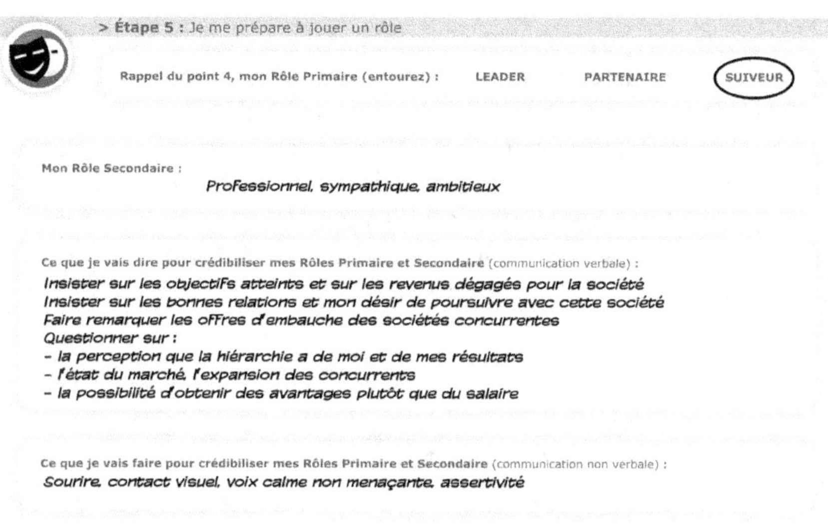

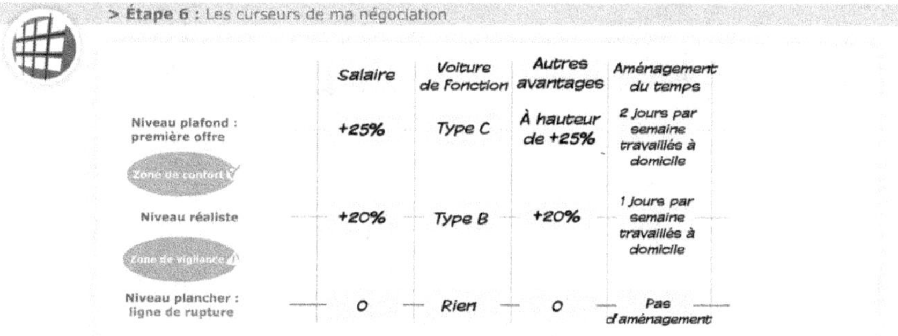

Scénarios de négociation :

– Jouer avec les curseurs des trois premières colonnes de sorte que la somme soit équivalente à +20% du salaire au moins

– N'accepter l'aménagement du temps qu'en ca d'impossibilité d'obtenir une augmentation financière

Exemple N° 3

M. Bayer est acheteur chez un équipementier automobile qui fabrique des tableaux de bord. Il a reçu un courrier de son fournisseur de câbles électriques le prévenant que la montée continue des cours du cuivre allait entraîner une hausse du prix de 6%. Dans le même temps, le supérieur de M. Bayer lui demande d'obtenir de ce fournisseur d'accepter les conditions de paiement à 90 jours au lieu des 60 jours actuellement contractuels.

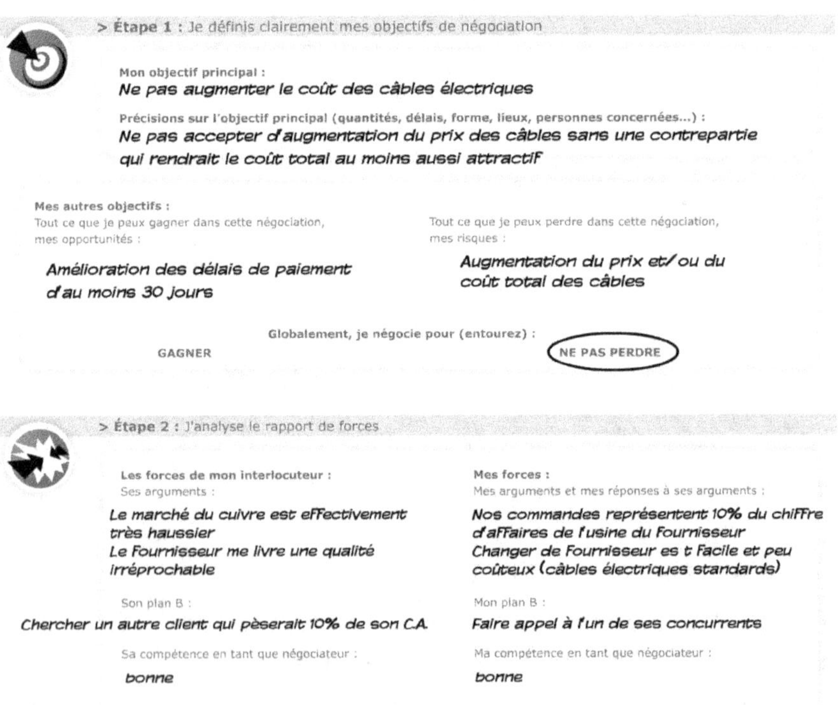

> **Étape 3 :** Je me place dans la bonne optique de négociation

Et mon interlocuteur ?

Tout ce qu'il peut gagner dans cette négociation, ses opportunités :

Améliorer son prix de vente
Compenser la hausse du coût matière
sans dégrader sa marge

Tout ce qu'il peut perdre dans cette négociation, ses risques :

Un gros client (seulement s'il le veut bien)
30 jours de délais de paiement

Globalement, il négocie pour (entourez) :

GAGNER   NE PAS PERDRE

Je me place dans une optique :

1	2	**3**	4	5	6	7	8	9	10

Défensive   Constructive   Offensive

> **Étape 4 :** Je choisis la stratégie de négociation la plus appropriée

Cochez la case

1. Nom de la stratégie :
FOURMI

2. Mot d'ordre :
RESISTER

3. Initiative :
JE LAISSE L'INITIATIVE

4. Rôle Primaire :
LEADER

5. Rôle Secondaire :
Ferme, froid, hautain

6. Gestion du temps :
ALLER VITE

> **Étape 5 :** Je me prépare à jouer un rôle

Rappel du point 4, mon Rôle Primaire (entourez) :   **LEADER**   PARTENAIRE   SUIVEUR

Mon Rôle Secondaire :

Ferme, froid, hautain

Ce que je vais dire pour crédibiliser mes Rôles Primaire et Secondaire (communication verbale) :

En établissant vos prix vous auriez dû prendre en compte l'éventualité d'une hausse des cours du cuivre
Nos commandes sont suffisamment importantes pour que vous puissiez absorber ce problème sans aucun impact pour nous

Ce que je vais faire pour crédibiliser mes Rôles Primaire et Secondaire (communication non verbale) :

Buste en arrière, bras croisés, ton de la voix Ferme

	prix	Délais de paiement	Productivité
Niveau plafond : première offre	-1%	90 jours Fin de mois, le 10	4%
Zone de confort			
Niveau réaliste	0	90 jours	0
Zone de vigilance			
Niveau plancher : ligne de rupture	+4%	60 jours	0

Scénarios de négociation :

– Demander un paiement à 90 jours fin de mois, le 10 du mois suivant pour une augmentation du prix de 1 %

– Demander un paiement à 90 jours fin de mois pour une augmentation de 0,5 % du prix

– Compenser toute autre concession sur le coût matière par l'obtention d'une productivité technique

---

Exemple N° 4

M. et Mme Sanfran viennent de signer un compromis pour l'achat d'un appartement de 200 000 €, frais de notaire inclus. Ils disposent d'un apport de 40 000 € et souhaitent emprunter 160 000 € à leur banque.

> **Étape 1 :** Je définis clairement mes objectifs de négociation

Mon objectif principal :
Réduire le coût total de l'emprunt

Précisions sur l'objectif principal (quantités, délais, forme, lieux, personnes concernées...) :
Ne pas dépasser les 1000 € de remboursements mensuels, assurance incluse et ne pas s'endetter sur plus de 20 ans.

Mes autres objectifs :

Tout ce que je peux gagner dans cette négociation, mes opportunités :	Tout ce que je peux perdre dans cette négociation, mes risques :
Baisser le taux d'intérêt en dessous de 4%. Ne pas payer de pénalité pour remboursement anticipé *Me faire offrir les Frais de dossier* *Garantir par un crédit logement plutôt que par hypothèque* *Faire accepter assurance déléguée*	*M'endetter au-delà des 20 ans souhaités* *Etre obligé de domicilier les salaires dans cette banque*

Globalement, je négocie pour (entourez) :

(GAGNER)   NE PAS PERDRE

> **Étape 2 :** J'analyse le rapport de forces

Les forces de mon interlocuteur : Ses arguments :	Mes forces : Mes arguments et mes réponses à ses arguments :
Peut refuser mon dossier et m'obliger à chercher une autre banque	*Grande concurrence enter les banques pour attirer et Fidéliser de nouveaux clients* *Sur cette opération, je Fais gagner 70 000 € à la banque*

Son plan B :	Mon plan B :
–	*Aller voir les offres des autres banques*

Sa compétence en tant que négociateur :	Ma compétence en tant que négociateur :
bonne	*bonne*

Globalement, le rapport de forces est (entourez l'un des chiffres) :

1   2   3   4   5   6   7   **(8)**   9   10

En SA faveur   Neutre   En MA faveur

> **Étape 3 :** Je me place dans la bonne optique de négociation

Et mon interlocuteur ?

Tout ce qu'il peut gagner dans cette négociation, ses opportunités :	Tout ce qu'il peut perdre dans cette négociation, ses risques :
Fidéliser un client qui domicilie deux salaires *70 000 € d'intérêts d'emprunt*	*Une marge plus importante sur cette opération que sur la moyenne* *Me laisser partir à la concurrence et perdre 70 000 € de manque à gagner*

Globalement, il négocie pour (entourez) :

GAGNER   **(NE PAS PERDRE)**

Je me place dans une optique :

1   2   3   4   5   6   7   8   **(9)**   10

Défensive   Constructive   Offensive

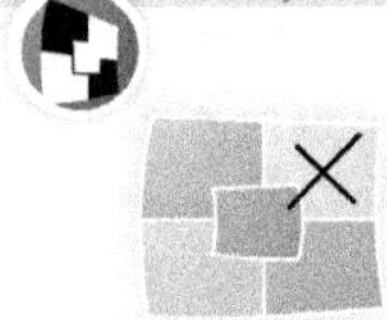

> **Étape 4 :** Je choisis la stratégie de négociation la plus appropriée

1. Nom de la stratégie :
Loup

2. Mot d'ordre :
METTRE LA PRESSION

3. Initiative :
JE PRENDS L'INITIATIVE

4. Rôle Primaire :
LEADER

5. Rôle Secondaire :
Informé, exigeant, Ferme

6. Gestion du temps :
ALLER VITE

Cochez la case

> **Étape 5 :** Je me prépare à jouer un rôle

Rappel du point 4, mon Rôle Primaire (entourez) :    LEADER   PARTENAIRE   SUIVEUR

Mon Rôle Secondaire :
Informé, exigeant, Ferme

Ce que je vais dire pour crédibiliser mes Rôles Primaire et Secondaire (communication verbale) :
Je suis conscient de ce que la banque peut gagner dans cette opération
La concurrence est présente partout
Sur internet, on trouve des taux d'intérêt et des assurances très compétitifs

Ce que je vais faire pour crédibiliser mes Rôles Primaire et Secondaire (communication non verbale) :

Regard direct, buste en avant, mains sur la table, voix Ferme

> **Étape 6 :** Les curseurs de ma négociation

	Taux	Frais dossier	Remboursement anticipé	Assurance	Domiciliation des salaires
Niveau plafond : première offre	3,90%	Offerts	Pas de pénalité	déléguée	Pas de domiciliation
Zone de confort					
Niveau réaliste	4%	50%	Pénalité de 2%	déléguée	50% des salaires
Zone de vigilance					
Niveau plancher : ligne de rupture	4,20%	100%	Pénalité de 4%	Imposée par la banque	100% des salaires

Scénarios de négociation :

– Ne lâcher la délégation d'assurance que si taux de l'emprunt + taux de l'assurance inférieur ou égal à 4,25 %

– Ne lâcher sur les frais de dossier que si coût total de l'emprunt inférieur ou égal à 70 000 €.

Bibliographie

Sur la préparation de la négociation

Patrick Audebert, *Bien négocier*, Éditions d'Organisation, 2005.

Jean-Pierre Raymond de Rivarola, *La négociation en 7 points*, kit de négociation RBG-Négocia.

Sur les liens entre Analyse Transactionnelle et négociation

Jean-Yves Fournier, *Désamorcer les conflits relationnels par l'Analyse Transactionnelle*, Éditions d'Organisation, 2005.

Sur l'influence et la persuasion

Robert Cialdini et Marie-Christine Guyon, *Influence & manipulation : Comprendre et maîtriser les mécanismes et les techniques de persuasion*, First Editions, 2004.

Nicolas Guéguen, *Psychologie de la manipulation et de la soumission*, Dunod, 2004.

Sur les aspects interculturels

Pierre Dupriez, Solange Simons, *La résistance culturelle. Fondements, applications et implications du management interculturel*, De Boeck, 2002.

Richard D. Lewis, *When Cultures Collide : Managing Successfully Across Cultures : A Major New Edition of the Global Guide*, Nicholas Brealey Publishing.

Composition : Compo-Méca s.a.r.l. – 64990 Mouguerre

N° d'éditeur : 3539
Dépôt légal : août 2007
Imprimé en Allemagne par BoD